Espace régional et nation

Gérard Boismenu • Gilles Bourque • Roch Denis
Jules Duchastel • Lizette Jalbert • Daniel Salée

ESPACE RÉGIONAL ET NATION

Pour un nouveau débat sur le Québec

Boréal Express

Photocomposition: Helvetigraf Enr.

Diffusion pour le Québec:
Dimédia: 539, boul. Lebeau,
Ville Saint-Laurent, Québec   H4N 1S2

Diffusion pour la France:
Distique: 9, rue Édouard-Jacques
75014 Paris

© Les Éditions du Boréal Express
5450 ch. de la Côte-des-Neiges,
Montréal, H3T 1Y6
ISBN 2-89052-062-5
Dépôt légal: 1er trimestre 1983
Bibliothèque nationale du Québec

Avant-propos

L'idée de ce livre nous est venue lors de l'organisation d'un atelier pour le congrès de la Société québécoise de science politique, tenu en mai 1982. Cet atelier, auquel ont participé G. Boismenu, R. Denis, L. Jalbert et D. Salée, avait pour thème «La société québécoise: société globale ou espace régional?». Partant de champs de recherche parfois assez éloignés, nous nous proposions de formuler autrement l'interrogation inévitable pour tous ceux qui ont voulu étudier la réalité québécoise: comment saisir cette réalité sociale qui présente des caractéristiques singulières tout en étant historiquement comprise dans une autre société qui l'enserre?

L'une des réponses à cette interrogation a joui d'une grande autorité depuis les débuts du développement de ces disciplines au Québec et surtout au cours des dernières décennies. Sans chercher des motifs insondables ni prêter des intentions, on peut dire que cette réponse a été marquée par la volonté de comprendre la société québécoise dans ce qui la caractérisait en propre, et par l'ascendant d'une démarche anthropologique et culturaliste. Elle consistait à postuler que le Québec est en soi une société globale distincte présentant une originalité dans sa structure sociale, dans sa culture, dans ses traditions politiques, etc. Au mieux, la référence à l'ensemble canadien servait de repoussoir pour indiquer la séparation étanche entre ces deux sociétés et leur

distance. Sans ignorer et encore moins nier la réalité canadienne *coast to coast,* cette réponse omettait systématiquement de prendre en compte sur les plans analytique et conceptuel l'insertion objective du Québec dans cette réalité
canadienne ambiante.

Au cours des années 1960 et 1970, même les auteurs qui
se sont inspirés du marxisme sont restés longtemps tributaires de la tradition culturaliste. Partant de la reconnaissance
de la nation québécoise, chacun pouvait affirmer qu'on
était en présence d'une formation sociale particulière, d'une
structure de classes distincte ou d'un État tronqué. En d'autres termes, le Québec était encore pensé par référence à un
État indépendant ou à un pays qui, même s'il était en devenir, n'en possédait pas moins les caractéristiques premières.
Ces analyses sont loin de faire partie d'une période révolue.
Cependant certains d'entre nous, par le biais de la même
démarche théorique fondamentale, en sommes venus à
avancer des propositions différentes.

En effet, à la fin des années 1970, des recherches entreprises parallèlement et sans échanges soutenus entre leurs
auteurs ont débouché sur l'élaboration d'une problématique permettant de saisir l'insertion de la réalité québécoise
dans l'ensemble canadien sans en diluer les traits spécifiques. Le présent recueil réunit des exposés originaux des
principaux acquis qui sont le fruit de ce travail de conceptualisation.

* * *

Loin d'être de ténébreuses cogitations sur l'essence de
la société québécoise, ces exposés résultent principalement
d'analyses concrètes. Que ce soit la synthèse historique de
Gilles Bourque (en collaboration avec A. Legaré, *Le Québec, la question nationale*) ou l'étude de Daniel Salée sur les
insurrections de 1837-1838 au Québec (*Fétichisme, analyse
historique et la question nationale*), ou encore l'analyse

comparée des *Tiers partis au Canada* de Lizette Jalbert et de la politique économique du *Duplessisme* de Gérard Boismenu, tous ces travaux avancent chacun à sa manière un ensemble de propositions qui, par ajouts successifs, nous paraissent constituer une problématique nouvelle. Ainsi le Québec est compris généralement comme un espace régional et l'«État» québécois est inscrit, comme l'une des pièces importantes, dans l'État fédératif canadien.

Cette problématique présente un mode d'analyse pour l'ensemble du Canada qui, toutefois, se complète pour rendre compte de la question nationale québécoise. Cette dernière est considérée dans son originalité propre en tirant profit d'une réflexion sur les tenants et aboutissants de la question régionale. Cela dit, contrairement à ce qui a été longtemps le lot du grand nombre, la question nationale n'oblitère pas les éléments pertinents qui découlent de la question régionale.

La démarche proposée ne consiste pas à substituer une approche en termes de région à une autre ancrée dans la question nationale. Cependant, elle prend ses distances par rapport au contexte politico-idéologique des années 1960 et des schèmes analytiques qu'il a légués. Au cours de cette période, la réflexion sociologique s'est enferrée dans l'unique question nationale. Il s'avère donc nécessaire d'y apporter une révision substantielle, d'autant que l'approche nationaliste a suscité la déformation de son objet et embrouillé son statut.

Depuis quelques années l'analyse de la question nationale n'est plus posée comme méga-concept qui subsumerait tous les aspects de la réalité et servirait d'outil omniprésent de décodage. Ce n'est pas en dotant cette question d'un horizon analytique infini qu'elle gagne en puissance explicative; il faut plutôt définir les rapports qui la conjuguent aux diverses dimensions de la pratique sociale. Pour une part significative, la réflexion sur la région apparaît utile. D'abord, elle possède un potentiel analytique réel pour l'objet qu'elle désigne, mais surtout elle contribue à établir l'armature sur laquelle se développe la question nationale au Québec.

La reconsidération de la question nationale tout autant que de la question régionale n'a rien d'inopiné. Elle a été entreprise au Québec et à l'étranger en liaison étroite avec la reviviscence des mouvements régionaux et nationalitaires qui se sont développés en réaction à la centralisation étatique accrue. L'examen de ces questions, dont nous livrons ici quelques expressions condensées, se poursuit concurremment à celle déjà amorcée par plusieurs analystes de pays capitalistes avancés. L'application que nous en faisons au Canada-Québec fournit des résultats susceptibles d'alimenter une approche comparative, en même temps qu'elle permet d'approfondir les formulations théoriques aptes à saisir les principales composantes de la région et de la nation.

* * *

Les acquis tirés de nos analyses concrètes ne se posent pas en complémentarité parfaite ni en termes de résultats globaux et finals. En fait, les contributions réunies sont loin de fournir une compréhension totalitaire des rapports sociaux québécois et de leur articulation dans l'ensemble canadien. Si les contours et certaines lignes de force de la problématique sont bien esquissés, nous sommes parfaitement conscients qu'il y a place pour des développements substantiels. De même, s'il y a une concordance d'ensemble dans la façon d'appréhender le problème de l'espace québécois, cela n'empêche pas qu'il y ait décalage, divergence, voire contradiction entre certaines formulations d'un texte à l'autre. Ceux qui verraient dans ce recueil la présentation d'une problématique achevée et parfaitement homogène vont bien au-delà de l'intention des auteurs. Partant de cadres d'analyse apparentés à plus d'un titre, il s'agit plutôt de faire le point sur l'état d'avancement de notre réflexion, afin de l'enrichir grâce aux discussions qu'elle pourra susciter.

Pour cette raison, le recueil se présente non seulement comme exposés théoriques et condensés de résultats de recherches, mais aussi comme amorce d'un débat. Dans sa conception même, ce petit livre témoigne de la nécessité d'entretenir des échanges contradictoires: il s'ouvre sur un débat et déjà il l'entame. Ainsi, il revient à Roch Denis de remplir le rôle, non pas de censeur, mais d'analyste critique qui soumet à une lecture rigoureuse les propositions et l'argumentation qui sous-tendent la problématique avancée. Roch Denis apporte aussi le fruit de ses propres réflexions découlant d'un travail attentif sur le «terrain» québécois (*Luttes de classes et question nationale au Québec 1948-1968*). Sa contribution lance pour ainsi dire le débat.

Cette formule est peu commune dans notre courte histoire des sciences sociales au Québec. Nous l'avons trouvée, quant à nous, stimulante. Elle ne se veut pas une invite à la controverse acrimonieuse, mais une proposition d'intensification des échanges afin d'avancer dans la discussion d'un problème capital pour les études québécoises et canadiennes.

Bien entendu, la question posée et l'objet de ce recueil n'ont pas qu'une portée académique: ils présentent aussi une dimension politique. Une mise en situation de l'organisation des rapports économiques, politiques et idéologiques de l'espace québécois par rapport à celle de l'espace canadien est susceptible de permettre de jauger les projets et les discours politiques actuels. Par exemple, que penser de propositions d'indépendance du Québec qui tentent d'aménager avec le moins d'à-coups l'espace canadien et qui ne rompent pas radicalement avec l'organisation générale des rapports de pouvoir politique au Canada? Que penser aussi d'une imagerie pan-canadienne qui voit dans le phénomène régional un égoïsme mercantile ou un culturalisme folklorique et qui, par ailleurs, écarte la réalité nationale québécoise et les rapports d'oppression qu'elle subit.

Il serait hasardeux de déduire, à partir de formulations analytiques, une orientation et encore moins un projet politiques précis. Pour notre part, le cadre conceptuel qui se dégage a été pensé pour son potentiel explicatif du réel et la rigueur de son argumentation. L'idée n'est pas de se targuer d'un «discours scientifique», mais d'établir nettement que notre démarche ne procède pas de choix politiques touchant le mode d'organisation constitutionnelle de la fédération canadienne. Est-il nécessaire de dire qu'il serait erroné. d'associer notre démarche, parce quelle s'appuie sur le concept d'espace régional, à l'usage politique qu'en a fait le gouvernement fédéral ces dernières années? La seule parenté est celle du vocable. Déceler dans notre démarche analytique un projet proféderaliste serait faire une lecture inexacte de nos propos. S'il y a des liens entre la réflexion théorique et l'engagement politique, il faut voir que chacun de ces niveaux fonctionne avec ses règles et qu'il n'y a pas, entre les deux, de voie linéaire et simpliste.

*   *   *

Dans le premier chapitre, Daniel Salée examine le discours sociologique portant sur la réalité socio-politique québécoise. L'étude propose un large tour d'horizon des principaux travaux qui, depuis plus de vingt ans, ont marqué le cheminement intellectuel de la sociologie politique québécoise et façonné notre manière d'appréhender le Québec. Salée fait ressortir l'unité analytique et conceptuelle de la littérature, en dépit de la divergence des courants qui la composent. Hormis quelques contributions marxistes récentes, le discours sociologique se fonde sur une conception culturaliste de la réalité; la question nationale — prise au sens d'un conflit entre les deux communautés nationales homogènes qui entretiennent des rapports d'extériorité — est retenue d'emblée comme seul facteur explicatif, comme point d'ancrage de l'analyse des phénomènes socio-politiques. Salée conteste la portée réelle de cette pratique discursive et l'oppose aux travaux récents qui, à l'intérieur du matérialisme historique et sans marginaliser la question nationale, posent le Québec comme espace régional, articulé à la société et à l'État canadiens.

Gérard Boismenu enchaîne en présentant des outils théoriques et une démarche méthodologique qui dépassent les analyses où le Québec est assimilé à une société «accomplie» dotée d'un État autonome. Il veut ainsi remettre en cause une approche superficielle de la lutte des classes, au Québec et au Canada, et des rapports de pouvoir au sein de l'État canadien. Les éléments conceptuels développés permettent de saisir le Québec comme espace régional, partie de la formation sociale canadienne. La configuration spatiale du Canada est considérée comme le fruit d'une structure sociale complexe, surdéterminée par l'État capitaliste. Ainsi, l'État canadien, par sa forme fédérative, délimite les lieux de matérialisation de la lutte des classes en espaces régionaux. Chaque espace régional affiche une spécificité propre marquée par une articulation particulière des rapports sociaux et participe tout à la fois à l'unité de la société et de l'État canadiens. À partir de ces indications, Boismenu fournit une série de propositions et de thèses susceptibles d'éclairer l'analyse politique.

La contribution de Lizette Jalbert poursuit la lancée théorique du texte précédent et établit à son tour des paramètres permettant de cerner le phénomène régional. De plus, elle démontre la valeur explicative de la problématique par son application à des cas concrets. Les tiers partis, en tant que manifestation politique des tensions régionalistes au Canada, servent d'illustration de la question régionale. Deux exemples, celui du Crédit social albertain et celui du Parti québécois, témoignent que le régionalisme au Canada s'impose à l'ensemble des rapports sociaux. Si la structure balkanisée de l'économie contribue à la régionalisation de la société canadienne, elle ne saurait constituer le seul facteur de détermination. À l'encontre des ouvrages traditionnels qui retiennent d'emblée la seule dimension économique, elle insiste sur le fait que la question régionale trouve dans l'idéologie et le politique des lieux privilégiés de matérialisation. La diversification des dispositifs culturels ou idéologiques particuliers à la société canadienne, de même que le procès contradictoire d'unification/dislocation dont participe la forme fédérative de l'État canadien, sont des éléments explicatifs qui apportent un éclairage différent à la complexité des rapports sociaux au Canada.

Gilles Bourque et Jules Duchastel, quant à eux, considèrent la forme fédérative de l'État canadien. Après avoir précisé le sens de certaines notions fondamentales et établi la pertinence de concepts tels que «formation sociale», «forme de régime» et «bloc social», ils sondent les bases sur lesquelles, à l'origine, cet État fédératif fut érigé. Fruit d'un compromis, le Canada est condamné, dès les premiers moments de son procès de constitution, à la reproduction perpétuelle d'un ensemble de contradictions, à une tendance structurelle à l'éclatement. Pour les auteurs, la «question québécoise» participe à cette tendance par sa matérialisation à la fois comme question nationale et comme question régionale. Le Québec bloque les potentialités d'actualisation d'un État pan-canadien et joue même un rôle d'accentuation dans la tendance à l'éclatement. La référence au bloc social régional-national duplessiste complète les considérations analytiques et sert de cas de figure. Dans le procès de passage de l'État canadien à sa forme keynésienne, le Québec duplessiste oppose une résistance farouchement libérale qui remet en cause la structure de l'État canadien à travers la lutte constitutionnelle.

Pour sa part, Roch Denis dresse un bilan critique des contributions précédentes. Il critique les éléments théoriques et conceptuels qui y sont présentés. Cette lecture cherche primordialement à dégager les conséquences théoriques et pratiques des analyses précédentes. En quoi et pourquoi permettent-elles de surmonter les faiblesses et les échecs des analyses antérieures? Comment nous aident-elles à mieux comprendre le Québec d'aujourd'hui et à mieux agir sur la réalité pour la transformer? Telles sont les questions qui, en toile de fond, alimentent la discussion. Bien qu'il témoigne d'une communauté de pensée avec les autres auteurs, Denis examine avec un certain recul l'ensemble de l'ouvrage. Il insiste, par ailleurs, sur les implications politiques qu'entraîne ce nouveau mode d'appréhension de la réalité sociale québécoise et canadienne.

Les commentaires de Roch Denis représentent le coup d'envoi d'un éventuel débat auquel participent les auteurs précédents, qui se réservent, en dernière partie du recueil, un droit de réplique. Il va sans dire que ce débat ne saurait devoir se confiner aux limites étroites de l'ouvrage. Nous remercions à l'avance tous ceux qui voudront bien contribuer à alimenter le débat.

Gérard Boismenu
Lizette Jalbert
Daniel Salée

L'analyse socio-politique de la société québécoise: bilan et perspectives

Daniel Salée

> «*Le propre du savoir n'est ni de voir,*
> *ni de démontrer, mais d'interpréter.*»
> Michel Foucault, *Les mots et les choses*

En tant qu'objet d'analyse et d'étude socio-politique, la société québécoise a suscité au cours des quelque vingt dernières années un intérêt académique soutenu et une production intellectuelle notable. La libéralisation post-duplessiste aidant, la nécessité de définir, de mesurer et d'évaluer les projets de renouveau social qui s'imposaient, a donné forme à un processus d'introspection sociologique jamais vu jusque-là et, inévitable conséquence, à un gonflement littéraire scientifique de qualité inégale sur l'ainsi nommée «question du Québec». Ce discours constitue le sujet de notre propos.

À l'origine de notre démarche, un constat. Bien que variées et contradictoires, les orientations analytiques du discours sociologique courant sur et autour de la société québécoise reposent sur un postulat commun: le Québec est le lieu d'une problématique nationalitaire — dite question nationale — sur laquelle toute analyse socio-politique doit prioritairement s'articuler. Ce postulat irrémédiablement normatif suggère l'attribution à la société québécoise d'une spécificité présumée et posée de manière acritique comme point d'ancrage de l'intelligibilité du réel socio-politique québécois. Or, sans être totalement incorrecte, cette base de réflexion et d'analyse nous semble largement insuffisante; la question du Québec n'est pas que nationalitaire et doit s'inscrire dans un horizon conceptuel plus vaste et plus global. C'est la manière prépondérante de comprendre et de saisir la réalité socio-politique du Québec qui est ici mise en cause.

Il apparaît souhaitable de dresser le bilan d'une pratique discursive qui est en train de s'essouffler. Ce bilan, d'aucuns l'auront peut-être déjà établi d'une manière ou d'une autre; nous nous proposons maintenant de l'objectiver. Par le biais d'un survol de la littérature pertinente, le présent essai se constitue essentiellement en une analyse/évaluation du discours sociologique québécois et cherche à en démontrer l'unité normative et la portée explicative limitée. Nous verrons toutefois que des travaux récents, surtout dans le champ de l'analyse marxiste, présentent les traits d'une perspective analytique et conceptuelle différente.

Il ne s'agit pas de nier catégoriquement la validité des pratiques analytiques qui ont donné forme au discours sociologique québécois. Plus simplement, l'exercice auquel nous nous livrerons marque le premier moment d'une réflexion sur la nature et les limites de ce discours et sur les possibilités d'une orientation analytique nouvelle. Inévitablement critique, notre démarche se veut toutefois davantage heuristique et exploratoire. Elle n'a, pour l'instant, aucune autre ambition.

Les formes du discours sociologique

De façon générale, il est possible de distinguer quatre grands axes d'analyse de la réalité sociale québécoise. Un premier axe se caractérise surtout par sa vision culturaliste; le Québec y est appréhendé à travers la manifestation historique du nationalisme et les particularités culturelles de la «nation» québécoise. Le deuxième axe s'inscrit dans le prolongement du précédent en ce que ses tenants opèrent à par-

tir des postulats que suggère celui-ci; nous appelons constitutionnaliste cette seconde approche. Préoccupée par la
position du Québec à l'intérieur du cadre fédératif canadien, elle propose différentes réflexions portant sur les
arrangements constitutionnels et institutionnels qui ont
façonné au Québec le problème de la dualité canadienne. Le
troisième axe que nous qualifions de moderniste, est d'inspiration plus nettement sociologique et analyse la société québécoise à travers son développement social et politique
récent. Enfin, un quatrième et dernier axe regroupe les contributions marxistes et marxisantes à l'analyse socio-
politique du Québec. La littérature qui en émane pose de
front les problématiques de la lutte des classes et de la question nationale et adhère à une démarche intellectuelle qui se
veut manifestement critique. Pourtant, elle exhibe souvent
les même *a priori* normatifs que les approches qu'elle pré-
tend rejeter.

Idéalisme et devenir national: l'approche culturaliste

Il y a quelques années, Marcel Rioux concluait au
terme d'une réflexion sur le Québec, que poser la question
du Québec, «... c'est essentiellement questionner la culture
du Québec; c'est envisager ce groupe humain comme constituant une structure de symboles et, à travers eux, une structure de choses et d'êtres. C'est dire que les rapports de
l'homme avec son milieu et les autres hommes sont régis par
un ensemble de représentations, de valeurs, d'attitudes et de
comportements communs qui leur donnent un sens et constituent une culture... Au-delà donc des phénomènes politiques et économiques, on retrouve cet ensemble de structures
symboliques, la culture qui les englobe et les conditionne.
On se rend tout de suite compte que le jour où cette culture
s'érode, le groupe humain qui en est le support est lui-même
menacé d'extinction; il est mûr pour se voir imposer de l'extérieur un projet de société; il est mûr pour accepter de deve-

nir une région administrative d'une autre société. C'est bien
là l'essentiel de la question du Québec[1]».

Rioux propose en ces termes une formule d'analyse de
la réalité québécoise qui, inspirée originellement des conclusions du rapport Durham, n'a pas cessé d'être reprise et
remaniée par des générations successives d'historiens et
d'analystes sociaux. Cette formule consiste essentiellement
en une projection magnifiée de la spécificité culturelle et
nationale du Québec sur l'écran politique. La culture québécoise, plus précisément la culture de la communauté nationale française au Québec, constitue dès lors l'étalon à partir
duquel on évalue diachroniquement et synchroniquement la
trame politique du Québec[2].

Organiquement liée à la question nationale, cette
approche, que nous nommerons ici culturaliste, reste fondamentalement préoccupée dans sa démarche par l'appréhension des faits sociaux québécois à travers la réalisation du
devenir national. Ce faisant, elle s'appuie à l'origine sur une
problématique manifestement idéaliste: les notions de
«conscience de soi», de «vouloir vivre collectif» émaillent le
langage culturaliste. Ainsi, les travaux de Fernand
Dumont[3], principal théoricien de la perspective culturaliste,
expriment clairement une volonté de privilégier dans
l'analyse les formes de la subjectivité individuelle qui rendent possible le système de représentations nationales assurant la cohésion du groupe. Dumont favorise donc une perception du Québec qui s'inscrit en filigrane des représentations idéologiques articulant l'être collectif des Québécois.
Ces représentations idéologiques, formées tout au long du
cheminement parcouru vers la prise de conscience de l'être
collectif, sont présentées comme données indépendantes de
l'environnement structurel de la société. C'est la subjectivité
qui détermine les structures et non le contraire.

Marcel Rioux formule aussi en des termes similaires sa
perception du Québec. Dans *La question du Québec,* il s'ingénie à tracer l'évolution des contours de la «personnalité
collective» des Québécois. De par la cohésion que procure

leur homogénéité culturelle et nationale, les Québécois définissent un projet collectif de société qui dépasse en quelque sorte les différences de classes. Dans des écrits antérieurs à cet ouvrage, Rioux tend à présenter du Québec l'image d'une société unitaire toute absorbée par son projet national et collectif[4]. Ainsi, la notion de «classe ethnique» qu'il élabore avec Jacques Dofny[5] consacre le primat analytique qu'il faudrait accorder à la spécificité culturelle et ethnique du Québec. Cette spécificité, doit-on croire, transcende la structure des classes sociales. Rioux écrira quelques années plus tard: «Du fait de l'imbrication de la société québécoise dans la société canadienne et de l'influence nord-américaine sur son système de valeurs, (les classes sociales devraient être) envisagées non pas d'abord comme des totalités réelles, c'est-à-dire sous l'angle de leur conscience, mais des groupements manifestant certaines valeurs et une certaine hiérarchie. Mais il me semble que *si on examine ces groupements sous l'angle de la conscience qu'ils ont d'eux-mêmes on doive les mettre en relation avec une totalité réelle de plus grande envergure, celle du groupe ethnique.* Il semble qu'au Québec ces deux consciences sont en concurrence l'une avec l'autre et s'inter-influencent[6]».

Sans tout à fait négliger l'impact des antagonismes de classes sur la dynamique sociale, Rioux n'en dilue pas moins la signification propre au profit d'une conception plus ethnique que classiste des rapports sociaux au Québec: c'est la conscience ethnique ou nationale qui conditionne la conscience de classe.

Léon Dion est un autre auteur dont le biais analytique idéaliste ne fait aucun doute. La subjectivité collective des Québécois retient son attention et occupe la presque totalité du champ d'analyse à l'intérieur duquel il évolue. Observant «l'extraordinaire permanence du même langage au niveau des définitions collectives»[7] à travers une évolution sociale marquée, Dion décrit la marche des Québécois comme la poursuite de «la recherche tout à la fois angoissante et passionante de leur identité propre quel que puisse être le terme où les conduira leurs réflexions»[8]. L'auteur s'engage à tracer les formes et contours de cette recherche[9]: on ne doit pas parler d'un seul nationalisme québécois mais bien de plusieurs nationalismes, chacun étant porté par un système idéologique distinctif, qu'il soit conservateur, libéral, social-démocrate ou socialiste. Il veut ainsi démontrer comment les préoccupations reliées à la recherche de leur personnalité collective ont constitué pour les Québécois à la fois une constante et un lien à travers les tribulations du procès historique et ce, indépendamment de leurs préférences politico-idéologiques. Dion présente donc une image de la société québécoise et de sa dynamique socio-politique qui se reflèterait essentiellement dans le miroir des seules considérations nationalitaires des Québécois francophones.

Par-delà même les transformations structurelles que subit la société, par-delà le réel concret, le discours culturaliste fait du processus de conscientisation collective des Québécois la clé de l'intelligibilité socio-politique du Québec. Selon toute vraisemblance, la démarche idéaliste qui soustend l'analyse culturaliste procède d'un réductionnisme idéologique qui ne prend appui sur aucune base de référence objective (substrat matériel du social) affaiblissant d'autant l'image du Québec en tant que société globale. En fait, l'approche culturaliste est prisonnière du carcan idéaliste qu'elle s'impose. Carcan qui l'amène rarement à dépasser le niveau des apparences formelles et donc, inévitablement, à ne retenir du réel socio-politique québécois que l'affrontement de deux cultures. La question nationale et le problème de la dualité canadienne sont en pratique le lieu et l'objet de l'analyse culturaliste.

Il est vrai que l'idée des «deux solitudes» peut, *a priori,* paraître attrayante. En amplifiant la différenciation culturelle et idéologique des deux communautés nationales, l'analyse peut donner l'impression que l'essentiel du problème a été cerné: la question du Québec tient dans l'insistance des Québécois francophones à affirmer leur spécificité et dans la résistance du Canada et du Québec anglais à admettre ou reconnaître cette même spécificité. Le clivage ethnico-culturel apparaît dès lors comme l'aspect fondamental de la réalité québécoise[10]. Cette perspective conduit à une dilution analytique de la complexité sociale en réduisant l'appréhension des phénomènes socio-politiques à leurs strictes manifestations idéologiques et/ou culturelles. C'est ce qui explique, de toute évidence, l'accent mis sur les problèmes nationalitaires. L'analyse des rapports sociaux, d'autre part, est nécessairement escamotée ou, au mieux, simplifiée. Les rapports sociaux sont restreints à un aspect important, certes, (représentations idéologiques) mais qui, à lui seul, ne saurait traduire toute la réalité sociale. En ce sens, la portée de l'approche culturaliste est forcément limitée.

L'approche constitutionnaliste: l'envers et l'endroit d'un débat

L'approche constitutionnaliste s'inscrit dans le prolongement direct de l'approche culturaliste en ce qu'elle opère sur la base d'une acceptation implicite des postulats fondamentaux de cette dernière. Non pas tant au niveau des conclusions — car nous le verrons, tout un courant d'analystes les réfutent carrément — qu'au niveau de la démarche. Ici encore, l'analyse repose sur une perception nationalitaire de la société québécoise. À cette différence toutefois, qu'elle n'est pas articulée concrètement en termes idéologiques. Bien que son mode d'appréhension du réel socio-politique québécois soit aussi conditionné par le clivage ethnico-culturel, c'est plutôt la recherche d'un aménagement constitutionnel adéquat qui accapare le centre de ses préoccupations et représente le fer de lance de sa réflexion sur le Québec. Quels que soient les auteurs, l'argument privilégie dans presque tous les cas un cadre explicatif de la réalité québécoise qui s'appuie sur une appréciation du fédéralisme canadien. La question du Québec est transposée au niveau de l'analyse institutionnelle.

Par la nature de ses travaux et les objectifs qu'il poursuit, Pierre Elliott Trudeau représente en quelque sorte l'instigateur de l'approche constitutionnaliste, l'auteur qui en a le plus inspiré les traits et contours. D'abord guidé par une volonté de «faire contrepoids» (selon son expression), Trudeau dénonce «la nouvelle trahison des clercs»; trahison séparatisante dont le discours nationaliste n'a servi historiquement qu'à maintenir le Québec dans un état d'immobilisme intellectuel et de léthargie socio-économique. Le nationalisme québécois, prétend-il, a toujours constitué un obstacle à la vie démocratique; les Canadiens français dont la vision du monde semble devoir passer par le prisme déformant de l'ethnie, n'ont aucune notion du bien général, aucun sens civique, d'où l'autoritarisme caractéristique des pratiques sociales et politiques au Québec. Les Canadiens français ont toujours fait semblant d'adhérer aux principes démocratiques; en réalité, ils ont «transformé l'outil parlementaire en une arme défensive pour une lutte de race et ont, en tant que catholiques, cru bon de conserver l'idée que l'autorité vient de Dieu, que Dieu la détermine comme il lui plaît, quand il lui plaît»[11].

Amorcée en des termes culturalistes — sans toutefois adhérer au triomphalisme des auteurs mentionnés précédemment — l'analyse proposée par Trudeau se poursuit dans une perspective nettement plus institutionnelle. En effet, sa perception de la réalité socio-politique québécoise est fortement teintée par sa vision du fédéralisme canadien comme panacée contre le cancer nationaliste. Le cadre fédératif doit se présenter aux Québécois comme la voie royale vers la démocratie et la liberté; contre l'isolement et la réaction. «Le fédéralisme canadien en particulier, écrit-il, me semble encore le système qui permettra aux Canadiens français de tirer le meilleur parti possible de la province, du pays, et du continent où le destin les a situés»[12]. Malgré ses imperfections, la constitution du pays reste pour Trudeau la meilleure garantie de bien-être social et de mieux vivre collectif autant pour les Canadiens français que pour le Canada tout entier.

Dans la foulée de ce type d'analyse, certains auteurs articulent leur compréhension de la réalité socio-politique québécoise à travers une appréciation des bienfaits ou des méfaits des mécanismes institutionnels du fédéralisme canadien. Ainsi, chez les partisans du fédéralisme, Gilles Lalande estime que la dynamique fédérale assure au système politique québécois la stimulation nécessaire, le remède préventif «contre toute forme de sclérose ou d'immobilité et contre toute dose d'aberration politique trop forte ou de trop longue durée»[13]. Le fédéralisme en tant qu'option constitutionnelle doit apparaître aux Québécois comme une arme de choix dans la défense de leurs intérêts propres et dans la préservation de leur intégrité culturelle et sociale: «Le fédéralisme apparaît d'abord comme une réponse logique à la condition minoritaire des Canadiens français en Amérique... Le fédéralisme reste le seul système de gouvernement capable de permettre le maintien du fait français au Canada. Délestée de sa dimension canadienne, la concentration francophone du Québec serait en peu de temps, selon toute vraisemblance, l'objet de pressions irrésistibles sur le plan linguistique et sur le plan culturel... Le fédéralisme fait aussi que le Québec, en tant qu'entité politique distincte, peut accroître son caractère particulier à l'intérieur de la fédération canadienne, dans toute la mesure où ses classes dirigeantes savent apprécier correctement la capacité réelle et la marge de manoeuvre dont le Québec dispose sur le plan socio-économique[14]».

À l'encontre de la perspective fédéraliste, Claude Morin s'est fait le porte-parole d'une position qui vise sans équivoque à mettre en relief les désavantages du cadre fédératif canadien pour le Québec. Ses travaux[15], évaluation froide et sans rémission du fédéralisme canadien, offrent d'abord un déni à la thèse de rentabilité du fédéralisme pour le Québec: l'extension du champ des compétences du gouvernement provincial québécois, soulignée au cours des années 1960 comme preuve de la latitude permise à l'intérieur du fédéralisme canadien, est purement illusoire. Pour Morin, le pouvoir du gouvernement fédéral est clairement centralisateur. Le mouvement de pendule entre centralisation et décentralisation n'existe tout simplement pas; les tendances occasionelles des instances fédérales à la décentralisation ne revêtent jamais un caractère durable ou permanent, de sorte que rien n'autorise à parler d'un fédéralisme décentralisateur au Canada. Au mieux, les provinces parviennent parfois à freiner l'élan centralisateur d'Ottawa, comme ce fut le cas du Québec au cours des années 1960 par exemple, mais de façon générale, il reste impossible d'enrayer la propension centralisatrice inhérente au système fédéral canadien[16].

Dans un deuxième temps, Morin se livre à une étude de fonctionnement du régime politique canadien au regard de la situation québécoise. La démarche qu'il privilégie pour ce faire, en est une d'analyse des rapports de force et de pouvoir entre Québec et Ottawa. L'argument qu'il élabore vise essentiellement à démontrer que le Québec est contraint à l'intérieur de l'État fédéral canadien au dépérissement irrémédiable de son pouvoir politique. L'enchevêtrement des juridictions administratives et législatives propres à chaque palier de gouvernement crée un cadre stérile et conflictuel où l'efficacité de chacun est mise en jeu. À l'intérieur d'un tel cadre, les provinces sont habituellement perdantes puisque l'orientation générale de la société demeure la responsabilité du gouvernement central en dernière instance. Cela entraîne pour le Québec une situation d'assujettissement et d'aliénation à laquelle seule l'indépendance politique du Québec constitue l'alternative valable; l'intégrité et la dignité nationales des Québécois sont à ce prix.

Malgré la divergence de leurs conclusions, les deux tendances exposées au sein de l'approche constitutionnaliste fondent leur interprétation respective sur une acceptation commune des postulats culturalistes de dualité et de spécificité de la société québécoise. Épistémologiquement unifiées, elles ont inspiré toute une littérature délimitée par les impératifs d'un débat politique, souvent plus ponctuel que fondamental, sur les options constitutionnelles du pays[17]. Parallèlement, on trouve aussi un certain nombre de contributions universitaires[18] qui, sans s'insérer directement dans les débats politiques, visent surtout à présenter les grandes options constitutionnelles qui les ont animés. Leur propos volontiers descriptif se contente de présenter les tenants et aboutissants de l'action constitutionnelle, d'en décrire l'évolution mais sans nécessairement la situer dans son contexte socio-économique. Les considérations analytiques des auteurs sur la société québécoise proprement dite restent ténues, superficielles et, le plus souvent, fort peu originales.

En réalité, on retrouve en cela le trait dominant de l'approche constitutionnaliste: en limitant son objet d'analyse aux seules modalités d'existence politique et constitutionnelle du Québec, elle évacue de larges pans de la réalité sociale et affaiblit considérablement la portée de sa réflexion sur la société québécoise. Si l'approche culturaliste pèche par réductionnisme idéologique, l'approche constitutionnaliste, elle, semble devoir céder à un réductionnisme politique. L'élément rapport de force entre les gouvernements provincial et fédéral — le contentieux constitutionnel — est retenu d'emblée et presque exclusivement comme facteur explicatif du fait québécois. Ici encore, il semble que l'obsession analytique portée sur la configuration ethnico-culturelle du Québec soit responsable de cette courte vue. L'opposition entre les deux communautés nationales semble devoir rendre compte du contentieux constitutionnel. L'approche constitutionnaliste tombe donc dans le même travers que l'approche culturaliste et se complaît dans les apparences formelles.

Société québécoise et modernisation politique: le triomphe de la classe moyenne

Le troisième courant d'analyse dont il est maintenant question a pris naissance dans la foulée des premières études socio-anthropologiques sur la société rurale canadienne-française[19], tout en s'en démarquant. Nous qualifierons cette approche de «moderniste», dans la mesure où elle cherche essentiellement à rendre compte du procès général de modernisation socio-politique qu'a connu le Québec au cours des trente dernières années. Elle fut d'abord articulée par Hubert Guindon[20] dont la démarche procède à l'origine d'une remise en cause des analyses micro-sociologiques et favorise une perspective macroscopique qui permette de formuler une interprétation d'ensemble, une vue globale des développements particuliers de la société québécoise[21].

Guindon pose le problème de l'accès récent du Québec à la modernité en tant que produit de la montée d'une classe moyenne bureaucratique; phénomène qu'il examine en relation avec le processus d'urbanisation, l'industrialisation croissante et la réorientation des priorités en matière de santé, d'éducation et d'assistance sociale. Engendrée par les bureaucraties cléricales traditionnelles qui opéraient au cours des années 1950 dans le réseau scolaire et les services hospitaliers et sociaux[22], la nouvelle classe moyenne en modifiera peu à peu la nature pour les adapter aux impératifs de la modernisation. Partant, elle convoite le pouvoir d'État qui lui apparaît essentiel à la réalisation de ses objectifs modernisateurs[23].

Quoique d'abord ralliée à la cause de la modernisation, la nouvelle classe moyenne arborera rapidement un discours nationaliste qui, tout en remettant en cause l'insertion du Québec au sein du cadre fédératif, doit lui permettre d'attirer la sympathie politique des masses. En réalité, soutient Guindon, l'élément nationaliste du discours de la nouvelle classe moyenne révèle, d'une part, son insatisfaction devant la persistance de l'État fédéral à ne pas vouloir reconnaître les pouvoirs particuliers qu'elle réclame pour l'État québécois, et traduit, d'autre part, sa volonté de rétablir les déséquilibres économiques séculaires engendrés par les effets de la traditionnelle division culturelle du travail à l'intérieur de la société québécoise[24]. Ce nationalisme dont

les premières manifestations apparaîtront au début des
années 1960 avec la Révolution tranquille, est directement
relié à la création du Parti québécois et à la montée du mouvement indépendantiste[25].

L'analyse de Guindon illustre au niveau des apparences formelles les mécanismes de l'évolution récente du Québec. L'évidence veut que l'on s'accorde avec Guindon pour
reconnaître que le développement des fonctions étatiques
provinciales a été porté dans une large mesure par la nouvelle classe moyenne[26]. En fait, son argument est séduisant
car il met en relief la relation qui semble s'être établie entre la
nouvelle classe moyenne, l'État provincial et la résurgence
du nationalisme comme discours dominant et donne ainsi
l'impression d'avoir dégagé le facteur explicatif de l'évolution socio-politique du Québec moderne.

Pourtant, la perspective bureaucratique retenue par
l'auteur accuse une certaine superficialité et affaiblit sa perception, qu'il veut globale, de la réalité québécoise. Sa
démarche l'amène plutôt à sur-privilégier l'analyse de la
classe moyenne pour délaisser les aspects d'ordre structurel
qui, en réalité, sont sans doute plus responsables de l'entrée
du Québec dans l'ère moderne; ce n'est pas du procès de
modernisation de la société québécoise dont fait état Guindon, mais plutôt de l'histoire récente de la nouvelle classe
moyenne. Sa mise en relation de la montée de cette dernière
avec les phénomènes d'urbanisation et d'industrialisation
ne dépasse guère le niveau du constat; on souhaiterait ici
qu'elle fasse l'objet de considérations plus approfondies de
la part de l'auteur. Guindon cerne bien les manifestations
superstructurelles de la modernisation québécoise (montée
de la nouvelle classe moyenne, ré-aménagement des structures socio-politiques, recrudescence du discours nationaliste), mais il passe par-dessus ses manifestations infrastruc-
turelles. Ainsi, l'entrée du Québec au stade monopoliste du
développement capitaliste nous apparaît plutôt comme un
élément capital dans la redéfinition du rôle et des fonctions
de l'État[27]. En raison de ses préférences théoriques, Guin-

don néglige totalement ce phénomène et escamote une dimension explicative fondamentale de la réalité sociale.

Le succès socio-politique de la nouvelle classe moyenne a capté l'attention de quelques autres analystes qui, à la suite de Guindon, ont offert diverses variations sur ce thème[28]. Le populaire ouvrage de Kenneth McRoberts et Dale Posgate, *Développement et modernisation du Québec*[29], est de ceux-là. Il constitue une élaboration théoriquement rigoureuse des postulats posés par Guindon. Convaincus du rôle de premier plan joué par la nouvelle classe moyenne dans le processus de modernisation du Québec, ces auteurs tentent de dégager les modalités sociales, économiques et politiques d'actualisation de la révolution bureaucratique de la nouvelle classe moyenne francophone. À partir d'un cadre théorique emprunté à la perspective séquentielle des théories fonctionnalistes sur le développement politique, leur démarche met en relief le mouvement de la société québécoise vers la modernité[30].

Pour McRoberts et Posgate, la Révolution tranquille constitue le moment clé de l'accès du Québec à la modernité, car elle marque la volonté du pouvoir politique québécois d'adhérer enfin aux principes du keynesianisme. C'est dans le déploiement des fonctions étatiques qu'ils situent finalement la modernisation politique du Québec. Dans ce cadre, la nouvelle classe moyenne apparaît nécessairement comme l'agent modernisateur par excellence. De par sa volonté marquée de contrôler et de redéfinir dans une optique interventionniste les structures et les appareils d'État, cette classe formule et applique les exigences d'une modernité qui répond aux postulats développementalistes. Les auteurs en dégagent un lien de causalité directe avec la croissance du secteur tertiaire, la montée du syndicalisme et les confrontations juridiques et fiscales fédérales-provinciales.

Conscients des limites ethnocentriques d'un emprunt acritique aux théories développementalistes, McRoberts et Posgate élargissent le champ de leurs préoccupations analytiques à l'étude de phénomènes qui sont plus susceptibles d'éclairer la nature intrinsèque de la société québécoise. Ainsi, leurs références à la dépendance économique, à la division culturelle du travail, aux rapports de classes, à la conscience nationale et au capital monopoliste expriment leur volonté de se démarquer d'une certaine position fonctionnaliste. Toutefois, ils ne s'en libèrent pas suffisamment, car ils ne semblent pas apprécier convenablement tout le poids structurel de ces facteurs et leur influence sur l'évolution socio-économique du Québec; la montée et l'ambition socio-politique de la nouvelle classe moyenne restent, en dernière analyse, encore posées comme critères explicatifs dominants. Quelle que soit l'importance des transformations structurelles que connaît le Québec, McRoberts et Posgate soutiennent en fait que c'est seulement grâce à l'action de la nouvelle classe moyenne qu'elles acquièrent toute leur pertinence dans le développement général de la province[31]. Ils se trouvent à réaliser de la sorte une véritable dilution analytique de l'environnement structurel au profit de considérations de nature psycho-culturelle ou actionnaliste (homogénéité culturelle de la classe montante, conscience nationale, agressivité politique découlant de l'oppression nationale). En cela, ils reprennent aussi à leur compte les éléments d'analyse déjà repérés dans l'approche culturaliste.

De manière générale, l'approche moderniste n'a dans sa facture actuelle qu'une portée explicative limitée. Sous des dehors d'analyse globale, son appréhension de la réalité socio-politique du Québec ne tient finalement que dans un historique élaboré de la nouvelle classe moyenne bureaucratique. Tout se passe comme si le Québec ne devait son accession à la modernité qu'à l'existence de cette classe, indépendamment des conflits qui agitent la société dans son ensemble, de sa dynamique interne.

On aura facilement compris que l'accent analytique placé sur la nouvelle classe moyenne est un effet de l'occultation conceptuelle qu'opère la question nationale. À l'instar des approches précédentes, le discours analytique moderniste renvoie à la problématique nationalitaire. Son intérêt pour la nouvelle classe moyenne tient au fait que celle-ci lui semble dans une large mesure porteuse du contenu nationaliste de l'évolution socio-politique récente. Ainsi, comprendre ce phénomène crucial, c'est aussi, dans la perspective moderniste, rendre compte de la reviviscence du nationalisme québécois et de l'intensification du caractère dualiste de la société québécoise. C'est là l'essentiel de l'horizon analytique des ouvrages modernistes.

Marxisme et nationalisme

Le cadre théorique marxiste obtient depuis quelques années la faveur d'un nombre croissant d'intellectuels et inspire plusieurs analyses récentes de la réalité sociale québécoise[32]. D'entrée de jeu, il faut dire toutefois que l'on note une périodisation marquée dans le procès de formation du discours sociologique marxiste sur le Québec. La première période qui, en gros, occupe la presque totalité des années 1960 et la première moitié des années 1970, est surtout caractérisée par la production de travaux à l'intérieur desquels la question nationale opère en tant que problématique structurante de la démarche analytique; en dépit du primat théorique accordé au concept de lutte des classes, elle prend parfois dans l'analyse des proportions telles qu'elle subsume l'étude des antagonismes sociaux et imprime à la démarche un caractère fortement nationaliste.

Depuis l'avènement du Parti québécois au pouvoir, l'appréhension marxiste de la réalité socio-politique québécoise marque un deuxième moment. Tout en s'inscrivant en continuité théorique avec les acquis de la première période, elle commence à suivre une tangente analytique qui dépasse en quelque sorte les premiers travaux. Désormais, la question nationale semble intériorisée et posée de moins en moins comme facteur explicatif dominant du réel. La tendance traditionnelle à l'autonomisation analytique de la société québécoise est contrée chez plusieurs auteurs par la

mise en situation du Québec à l'intérieur de l'ensemble
sociétal canadien. Nous reviendrons plus loin sur cette nouvelle orientation du marxisme québécois. Pour l'instant,
c'est le discours marxiste nationaliste qui fait l'objet de la
présente section; malgré un langage critique, il appert assez
clairement qu'au niveau de la démarche, il s'inscrit en con-
formité avec le mode d'appréhension bourgeois de la société
québécoise.

C'est avec la création de *Parti pris* au début des années
1960 que l'on assiste à l'émergence d'une pensée socialiste
articulée et à la consécration d'une analyse marxisante de la
formation sociale québécoise. Cette revue «est la première à
formuler sous une forme achevée des thèses dont on va
retrouver l'expression au sein même du mouvement ouvrier
quelques années plus tard»[33]. Elle présente une évaluation
de l'expérience du colonialisme au Québec et soutient d'emblée un discours nationaliste et indépendantiste: dépossédé
économiquement par le capital américain et canadien et
dominé politiquement par un État fédéral dont les décisions
le désavantagent, le peuple québécois est colonisé, déper-
sonnalisé et culturellement aliéné; devant cet état de fait, la
libération totale de la domination coloniale et capitaliste
apparaît comme la seule solution valable. Indépendance et
socialisme constituent les mots d'ordre partipristes.

Procédant à partir d'une démarche éminemment politique, *Parti pris,* formule une analyse de la société québécoise à l'intérieur de laquelle les constats scientifiques prennent couleur de condamnation, d'appel à la révolution[34].
Toutefois, si la théorie marxiste sert de point d'ancrage à un
discours qui se veut révolutionnaire, c'est la problématique
nationale qui, finalement, domine la perception de la réalité
socio-politique québécoise articulée par *Parti pris.* Jean-
Marc Piotte, un des fondateurs de la revue, écrivait d'ailleurs récemment à propos de ses écrits et de l'esprit qui ani-
mait le groupe auquel il collaborait: «Nous nous prenions
pour l'avant-garde intellectuelle de la révolution... Me reli-
sant, je fus littéralement étonné: je me croyais marxiste

alors que ma catégorie fondamentale d'analyse demeurait
bel et bien la nation... [Mon] on étude du Québec n'est pas
centrée sur la lutte des classes à laquelle j'articulais les mouvements de libération nationale, mais sur la nation que je
cherche à éclairer à la lumière des classes sociales[35]».

Les considérations nationalitaires ont fortement marqué les analyses marxistes sur le Québec depuis l'époque de
Parti pris. Gilles Bourque, notamment, est un des principaux auteurs qui ont le plus contribué à formuler l'analyse
de la société québécoise en termes de question nationale.
Reprenant à son compte les postulats culturalistes des historiens libéraux, Bourque en a marxisé la facture dans ses premiers ouvrages[36] pour remettre en relief, à travers la lutte des
classes, le caractère dualisant de la configuration culturelle
et nationale. Il conçoit alors le Québec comme le champ de
deux structures de classes qui, tout en se juxtaposant, ren-
voient à chacune des deux nations en présence. La lutte des
classes opère d'abord à l'intérieur de chaque structure, mais
elle imprime son caractère particulier à l'ensemble de la
société de par la contradiction principale entre les classes
dominantes de chaque structure.

C'est par une remontée historiciste jusqu'à la Conquête que Bourque en arrive à conclure à l'existence d'une
double structure sociale au Québec. Pour lui et N. Laurin-
Frenette, «la Conquête marque la superposition pure et
simple d'une formation sociale sur une autre. Pour être plus
précis, elle constitue l'importation d'une formation sociale
qui conjuguera les effets nationaux spécifiques résultant du
fait que le mode de production capitaliste y domine sur une
autre formation sociale qui comportait elle-même, pour la
même raison des effets nationaux particuliers[37]».

Le phénomène de la double structure sociale est plus
que le résultat d'un simple événement historique; il scande
en réalité l'évolution ultérieure de la société québécoise et
détermine diachroniquement les modalités d'actualisation
des conflits sociaux au Québec. Les moments marquants
tels que la Confédération de 1867 et les constantes socio-

politiques telles que l'oppression nationale participent au maintien inaltéré de la double structure sociale. C'est donc dire que l'analyse retient la dualité nationale comme facteur explicatif de la réalité sociale québécoise.

Cette perspective analytique procède d'un certain réductionnisme qui ne s'attache encore qu'aux apparences formelles. L'analyste semble être guidé beaucoup plus par le phénomène de l'oppression nationale et l'appréciation qu'il entend en faire que par l'analyse globale de la dynamique sociale. Ce genre de formulation trahit un certain faux pas épistémologique lorsque insérée à l'intérieur du matérialisme historique. En postulant le dédoublement de la structure sociale, l'analyse se laisse aller à en désarticuler le fonctionnement selon ce que suggère le clivage ethnique. On n'a plus une société conçue comme une totalité objective, mais bien deux sociétés perçues essentiellement à travers leurs particularités subjectives. Or le Québec, comme toute formation capitaliste, constitue plutôt une réalité sociale concrète unitaire dont les deux communautés nationales représentent des composantes intégrées qui participent également à son unité sociologique. Conceptuellement, il ne saurait y avoir divisibilité ou désarticulation de la société québécoise[38].

À la décharge de Gilles Bourque, il est juste de mentionner, comme nous le verrons plus loin, que celui-ci a pris par la suite une certaine distance critique par rapport à la thèse de la double structure. Malgré cela, plusieurs auteurs se réclamant du marxisme ont continué — et continuent encore — d'entrevoir la réalité socio-politique québécoise à travers le reflet des antagonismes nationaux. Ainsi, dans son histoire des idéologies, Denis Monière exprime sans détour une conviction bien ancrée dans l'imagerie dualiste traditionnelle[39]. Pour lui, la double structure explique même la trajectoire idéologique particulière des Québécois[40]; l'historicité de la société québécoise livre son intelligibilité prioritairement par le biais de la morphologie ethnico-culturelle du Québec. La différenciation des com-

munautés nationales rend compte des constantes manifestations du nationalisme auxquelles Monière attache finalement tant d'importance. L'auteur réitère d'ailleurs en cela
les *a priori* normatifs de la tendance culturaliste: «Ce que
nous appelons aujourd'hui le nationalisme, écrit-il sans
équivoque, est ce système de représentation qui définit le
groupe d'appartenance, qui rend solidaires et unit ceux qui
se retrouvent dans ce groupe (...) Le nationalisme exprime
(...) le sens du collectif (et constitue) une forme historiquement située de la dialectique du moi — nous — les autres»[41].

Henry Milner adopte aussi une position analytique
fort semblable[42]. Malgré un recours évident à la grille
d'analyse marxiste, sa démarche insiste clairement sur les
particularités nationales du Québec. Son appréciation du
Québec contemporain fait écho à la tendance moderniste et
reprend sensiblement les mêmes critères d'évaluation de la
réalité socio-politique québécoise. Ainsi, il attribue au succès politique de la petite bourgeoisie et à la mainmise sur les
appareils d'état la responsabilité des développements économiques sociaux et politiques récents et l'intensification de
la question nationale. Il situe cette petite bourgeoisie dans le
sillon politique du Parti québécois et postule une correspondance des intérêts de la classe ouvrière avec ceux de cette
classe. Pour Milner, c'est aussi dans la question nationale et
les manifestations du nationalisme articulé par la petite
bourgeoisie d'État que se situe principalement l'intelligibilité socio-politique du Québec.

Le discours sociologique marxiste de facture nationaliste laisse l'impression qu'il perçoit l'analyse de la dynamique sociale comme un surgeon de la dynamique nationalitaire. En ce sens, il fait preuve d'un emprunt presque acritique aux analyses libérales et accuse souvent les mêmes
carences explicatives. En assujetissant la compréhension de
la société québécoise à la question nationale, il s'empêche de
livrer une interprétation globale de la réalité socio-politique,
une connaissance d'ensemble des forces externes et internes

qui la façonnent. Ce faisant, il affaiblit la portée et la richesse interprétatives propres au matérialisme historique.

Bilan et ruptures: vers un renouveau du discours sociologique?

Nous avons examiné jusqu'à maintenant les diverses formes du discours sociologique courant sur le Québec. Sous-jacente à notre méthode de présentation réside l'idée qu'il y a une certaine unité discursive dans les diverses approches examinées. En effet, malgré des divergences marquées au niveau de l'interprétation ou de l'appréciation du réel socio-politique québécois, elles s'objectivent toutes par leur adhésion à un même fil conducteur: la question nationale et/ou les manifestations du nationalisme sont conçues d'emblée comme matrice d'explication de la réalité socio-politique.

Dans le cadre de la présente partie de cet essai, nous allons tenter de préciser les causes et conséquences de cette position. Nous explorerons aussi les nouvelles avenues méthodologiques qui, depuis quelques années, commencent à prendre forme en mettant en question et en dépassant le discours sociologique courant.

L'«obsession» de la question nationale

Obnubilés par la dimension nationalitaire qui, effectivement, scande avec plus ou moins d'intensité les conjonctures politiques, les auteurs articulent leur interprétation du Québec à partir d'interrogations qui cherchent, parfois implicitement, parfois explicitement, à élucider le «problème» national québécois. Certes, dans la mesure où le langage et les pratiques discursives sont circonscrits — voire même déterminés — par les conditions objectives du réel social, il est normal et logique que la question nationale occupe une certaine partie de l'espace analytique. Parce que l'oppression nationale est réelle au Québec, la question nationale est importante. Elle est inscrite de manière immanente dans la pratique et le vécu politique des Québécois. Pour la plupart d'entre nous, elle n'a rien d'une abstraction; elle se situe dans l'immédiat et la quotidienneté.

Il ne s'agit donc pas d'évacuer — analytiquement ou autrement — la question nationale. À travers les diverses manifestations de l'oppression nationale et les tribulations du discours nationaliste, elle s'impose indéniablement à la réalité socio-politique. Il faut bien réaliser, cependant, que c'est en tant que partie prenante du développement de la lutte des classes au Québec, en tant qu'élément constitutif de la dynamique sociale globale qu'elle le fait. Elle ne se situe pas au-dessus ou à côté. Or, en faisant de la dimension nationalitaire le point nodal de toute appréhension du réel socio-politique québécois, le discours sociologique néglige cet aspect crucial et produit une vision tronquée et incomplète de ce réel. Une version de la société qui s'appuie sur la dichotomie nationale risque de méconnaître tout autre type de contradictions ou d'antagonismes. L'«obsession» de la question nationale amène l'analyste à focaliser sur elle la problématique socio-politique au détriment d'un effort d'appréhension globale de la société québécoise. En plaquant la question nationale sur les rapports socio-politiques, on s'épargne bien souvent les frais d'une véritable analyse de la structure de classes et de leurs antagonismes. Ainsi, la tendance de certains auteurs à amplifier dans l'analyse le rôle de l'État québécois comme point d'ancrage de classes ou de fractions nationalistes, ne témoigne pas du souci d'en faire ressortir l'articulation avec l'organisation de la structure de classes, mais cherche plutôt à mettre en relief l'aboutissement et l'impact du problème nationalitaire. Bref, le poids des conflits sociaux qui ne relèvent pas directement de la question nationale s'en trouve inévitablement négligé.

En s'assujettissant au carcan du débat nationalitaire, le discours sociologique se soumet aussi au langage politicien qui l'exprime. La question nationale est avant tout un produit socio-idéologique dont la politique est le lieu privilégié de matérialisation. L'imagerie et la pratique discursive qui la caractérisent ne s'embarrassent pas toujours de subtilités théoriques ou intellectuelles et évoluent plutôt au niveau primaire des simples apparences formelles (conflits ethniques). Aussi, dans la mesure où il tend à situer de manière prioritaire — et voire même exclusive — l'intelligibilité de la société québécoise dans la question nationale, le discours sociologique adopte la perspective politicienne; il sclérose la production de connaissances sur la réalité socio-politique québécoise en restreignant la réflexion scientifique à une démarche aprioriste et inévitablement limitative.

On aura remarqué en effet que la plupart des auteurs analysés appréhendent la société québécoise à l'intérieur de sa spécificité provinciale sans tenir compte nécessairement du contexte étatique fédéral qui la circonscrit. Le Québec est saisi dans ses limites socio-géographiques strictes, pris en tant que tel, comme si sa particularité nationale permettait qu'on l'évacue de la matérialité sociale et institutionnelle de l'État canadien.

On doit s'inscrire en faux contre cette façon de voir le Québec; non pas parce qu'il faille dissoudre les caractéristiques particulières de la société québécoise, mais simplement parce qu'elle tend à l'isoler indûment de l'ensemble sociétal général dans lequel elle s'inscrit pourtant, celui de l'État canadien. En outre, elle compromet la cohérence et la justesse de l'analyse du réel socio-politique. En autonomisant la société et l'État québécois, on doit finir par admettre que l'État canadien est décomposable en parties distinctes, chacune recouvrant une efficace qui lui est propre. Si on individualise le Québec, on doit pouvoir reconnaître, dans la même veine, que chaque État provincial au Canada jouit, conceptuellement, de la même indépendance d'existence. Pourtant, la plupart des analystes ne sont pas encore préparés à cette interprétation; le plus souvent, en effet, le Canada est mis en relation avec le Québec en tant qu'unité, à travers son «anglicité» et un monolithisme plus supposé que réel. Il y a donc un vice patent dans cette attitude analytique qui consiste à appliquer des critères différents à de mêmes objets d'analyse.

Qu'il soit bien entendu que nos propos ne visent pas ici à imposer un choix entre une perspective analytique qui s'inscrirait à partir de la dimension nationalitaire et une autre qui reposerait essentiellement sur l'étude des antagonismes sociaux. Un tel choix nous rapprocherait trop du dilemme politicien dans lequel s'embourbe encore souvent une certaine gauche québécoise: faut-il mener la lutte contre l'oppression nationale d'abord et le combat pour le socialisme ensuite, ou serait-il préférable de renoncer à celle-là et de concentrer tous les efforts sur celui-ci en se disant qu'une fois le socialisme atteint, l'oppression nationale disparaîtrait d'elle-même? Nous nous plaçons ici strictement sur le plan de la méthode et du discours sociologiques. En ce sens, nous ne croyons pas, ainsi que nous l'avons déjà souligné, que question nationale et lutte de classes doivent être mutuellement exclusives dans l'analyse. Par contre, nous nous objectons à ce que l'on fasse de la dimension nationalitaire un outil conceptuel par lequel serait livré l'intelligibilité socio-politique du Québec. Il faut pouvoir saisir le Québec au-delà du prisme étroit des particularités que lui confère la question nationale et le situer comme partie intégrante d'un ensemble sociétal dont le jeu politique détermine aussi sa dynamique interne.

**Les nouveaux paramètres
du discours sociologique québécois**

Qu'est-ce à dire? D'aucuns qualifieront volontiers notre position d'hérétique. Comment peut-on oser concevoir le Québec au même titre que n'importe quelle autre province du Canada? Pourtant la perspective proposée ici semble logique, car il faut reconnaître que le Québec, en tant que composante provinciale de l'État canadien, participe à la structuration et à la matérialisation socio-institutionnelle de celui-ci et ce, dans une mesure équivalente à toutes les autres provinces de la fédération canadienne. En contrepartie, l'État canadien agit, à travers ses différents appareils, sur l'État et la société du Québec. Il est donc analytiquement limitatif d'appréhender le Québec dans son cadre immédiat et restreint d'opération sans le situer d'une quelconque manière à l'intérieur du contexte sociétal canadien qui, nécessairement, le conditionne aussi. La connaissance sociologique sur le Québec doit également passer par la connaissance de l'environnement extra-provincial.

Depuis quelques années, un bon nombre de travaux se distancient de ceux qui, jusqu'à maintenant, faisaient autorité. En fait, une nouvelle tendance, encore en formation, semble s'imposer graduellement et marquer le discours sociologique sur le Québec. S'inscrivant à l'intérieur de la pratique analytique marxiste, elle rompt de manière définitive avec l'orientation culturaliste du discours libéral et dépasse, tout en en préservant les acquis, la première vague des travaux marxistes nationalistes.

Gilles Bourque donnera le coup d'envoi à cette réorientation du discours sociologique. Répondant aux critiques qu'avait suscitées son ouvrage *L'État capitaliste et la question nationale*[43], Bourque proposera en quelque sorte de «déculturaliser» le mode d'appréhension de la réalité sociale québécoise. Insistant toujours sur la nécessité de définir la nation en rapport au phénomène de la lutte des classes, il délaisse implicitement toutefois l'idée d'une double structure de classes selon l'agencement des groupes nationaux à l'intérieur d'une société: «On ne peut définir unilatéralement la nation comme une structure de classes», écrira-t-il, «(c)'est donc dire qu'il n'y a pas de structure de classes nationalement pure»[44]. Bourque abandonne la vision dualiste nationaliste de la question nationale; c'est plutôt dans le procès de réalisation du mode de production capitaliste et de la lutte des classes que se matérialise la question nationale.

Il y a ici déplacement de la perspective analytique. La question nationale ne sert plus comme auparavant de paramètre conceptuel permettant l'appréhension sociopolitique de la société québécoise; elle devient plutôt objet d'analyse, perçu comme phénomène politique qui traduit certes une réalité — notamment la résistance à l'assimilation — mais sans nécessairement conditionner la matérialisation globale du réel socio-politique. Cette reformulation permet de penser que la dimension nationalitaire n'a pas cette autorité analytique et explicative que lui confèrent les analyses courantes, mais qu'elle participe plutôt d'une dynamique sociale mise en oeuvre principalement sous l'impulsion du développement du mode de production capitaliste et de la lutte des classes. La question nationale doit être posée non plus en soi mais en relation avec l'espace social à l'intérieur duquel elle se manifeste. Bourque aboutit ainsi au concept de *formation sociale nationale* qui, en tant que «type spécifique de formation sociale dominé par le capitalisme, réunit un ensemble de classes antagonistes et non antagonistes dont les agents peuvent être de nations différentes»[45]. Partant, il doit être possible de «penser la forme nationale des luttes de classes sans réduire l'analyse à l'opposition entre des nations. Et il est permis de poser la primauté de la lutte des classes dans le champ national sans surestimer la réalité nationale, mais aussi sans la nier»[46].

On peut assez justement attribuer à Gilles Bourque le mérite d'avoir sorti la question nationale du ghetto analytique culturaliste. Parallèlement ou à sa suite, certains auteurs ont abondé dans le même sens et ont aussi proposé de resituer la question nationale. Ainsi, Jacques Mascotto et Pierre-Yves Soucy[47] attribuent l'existence d'une question nationale à l'inégalité structurelle découlant de l'absorption des régions périphériques par les grands centres capitalistes; ce processus peut prendre forme aussi bien au sein d'États-nation centralisés qu'au niveau international. En ce qui concerne le Québec, la question nationale doit être perçue à travers les manifestations de l'oppression nationale comme l'expression des rapports sociaux dont le lieu d'ancrage est l'État canadien tout entier. L'appréhension intellectuelle de la société québécoise et de sa question nationale doit nécessairement passer par une compréhension historico-évolutive de la forme fédérale de l'État canadien. Aussi, bien que les conflits linguistiques peuvent scander certaines pratiques nationalistes, la réalité socio-politique du Québec dépasse considérablement les simples limites d'une question linguistique. Elle participe plutôt de tout un ensemble de rapports économiques, culturels, politiques et sociaux marqués au sceau de l'État canadien.

Dorval Brunelle fait montre d'une attitude analytique qui s'inscrit dans le même ordre d'idée lorsque, se penchant sur le cadre constitutionnel canadien et les rapports entre les administrations provinciales et fédérale, il affirme: «En réalité toute la question de l'étude des rapports entre le fédéral et les provinces ne trouvera de solution satisfaisante que si l'on délaisse une approche fonctionnaliste fondée sur une articulation entre deux gouvernements relativement autonomes, *pour s'attacher d'abord et avant tout à la complémentarité politique entre chacune des provinces et le gouvernement fédéral,* complémentarité politique qui est fondée sur une complémentarité économique entre les ressources de chacune des provinces et les secteurs de transformation correspondant à l'économie canado-américaine.:.[48]».

Brunelle cherche surtout à mettre en déroute les analyses sociologiques du contentieux constitutionnel canadien selon lesquelles les relations fédérale-provinciales portent la marque d'une lutte entre fractions de classe et traduisent une homologie entre pouvoir central et capitalisme national, d'une part, et entre pouvoir provincial et capitalisme marchand d'autre part[49]. Pour lui, au contraire, «le contentieux constitutionnel ne renvoie à aucune opposition *sociale* réelle. En tant que pouvoirs complémentaires, les guerres intestines qui agitent le fédéral et les provinces ne sont en définitive que des ajustements à l'inféodation du pays au capital étranger»[50]. Conceptuellement, Brunelle situe d'abord sa démarche au niveau de la société canadienne qu'il conçoit comme «l'articulation complexe d'intérêts inter-régionaux». Au sein de cette articulation, le Québec ne fait pas figure d'exception; il participe au même titre que les autres provinces à la soumission de l'État canadien aux exigences du capital étranger. En ce sens, il se trouve nécessairement intégré aux mécanismes économiques mis en place par le fédéral pour favoriser l'intégration continentale de l'économie canadienne.

On ne manquera peut-être pas de remarquer la saveur quelque peu économiste des propos de Brunelle; pourtant celui-ci propose en filigrane un schéma d'appréhension de la réalité québécoise qui rompt radicalement avec le discours sociologique courant. En posant le Québec comme partie prenante de la structure économique canadienne, il ne cherche pas à diluer ses différences en un grand coup de brosse «fédéralisant» mais plutôt à démontrer qu'on ne peut l'isoler ou l'autonomiser conceptuellement. Le Québec s'inscrit en interdépendance avec les autres provinces et le niveau central de l'État canadien et doit être saisi en regard des particularités que lui confère ce phénomène.

L'analyse des classes sociales reflète d'une certaine façon la réorientation analytique du discours sociologique marxiste. Le débat théorico-politique récent sur la nature de classe du Parti québécois et sur la nature économico-politique de la bourgeoisie québécoise et de ses fractions[51] montre bien que plusieurs auteurs marxistes ont reconnu l'importance de situer l'analyse des rapports sociaux dans le contexte de la structure de classes canadienne[52]. On doit noter toutefois qu'une certaine tendance à l'autonomisation de la société et/ou de l'État québécois marque encore l'ensemble des contributions; la dimension nationalitaire pénètre de façon souvent indifférenciée le champ des analyses et en détermine la démarche. Ainsi le fait que la question nationale soit exprimée au Québec dans et par la crise d'hégémonie des classes et fractions dominantes incite les analystes à porter prioritairement la réflexion sur ces dernières. Partant, l'État provincial, en tant que lieu d'exercice de leur pouvoir politique, apparaît médiatisé par la problématique nationalitaire; l'expansion du rôle et des fonctions de l'État québécois est posée comme phénomène fondamental et perçue à travers les revendications nationales qui semblent la susciter.

Ainsi, l'on cherche surtout à saisir la structure de classes et des rapports sociaux matérialisée par cet État et autour de lui. Cela explique pourquoi l'attention analytique est centrée sur l'étude des classes qui gravitent dans l'orbite immédiat de l'État provincial, notamment la bourgeoisie non monopoliste et la petite bourgeoisie. L'État provincial est appréhendé à travers les classes et fractions qui le sous-tendent directement et non pas en tant que condensation du rapport de toutes les classes de la société. Il s'ensuit une tendance à l'exagération analytique du rôle et de la place de la bourgeoisie et de ses fractions dans les rapports politiques. Cette attitude amène à reléguer au second plan les autres classes de la société et à négliger leur rôle dans l'orientation et la matérialisation des rapports politiques au Québec. À ce titre, et malgré un certain mérite démystificateur, elle ne peut que formuler une conception floue et incomplète de la lutte des classes au Québec.

Québec: espace régional

Dans leur synthèse historique, Gilles Bourque et Anne Legaré[53] posent très clairement le Québec à l'intérieur de la dynamique de l'État canadien. Leur analyse porte sur différentes conjonctures et réussit à présenter les contours essentiels de la dialectique sociale pour chacune d'elles. Plus que dans les écrits antérieurs on y trouve une nette volonté de cerner le Québec en tant que réalité sociale et non plus exclusivement à travers le cheminement historique des classes dominantes. Aussi, c'est dans la réalité des luttes et alliances de classes que la question nationale s'inscrit primordialement. L'ouvrage constitue en outre une première application systématique des nouveaux paramètres analytiques développés par le discours sociologique récent. La question nationale, bien que centrale à la démarche, n'est pas présentée pour autant comme élément déterminant d'appréhension et/ou de compréhension du réel socio-politique québécois. Paradoxalement, c'est beaucoup plus la forme éclatée de l'État canadien que les auteurs cherchent à mettre en relief. En dernière analyse, le Québec est d'abord perçu comme question régionale à laquelle la question nationale confère un «poids disjonctif» menaçant l'unité structurelle de l'État canadien. C'est dans la perspective de la crise du fédéralisme canadien qu'ils articulent finalement leur appréciation de la réalité socio-politique québécoise.

Pourtant, malgré la justesse de leur démarche, Bourque et Legaré ne vont pas encore assez loin et s'empêchent de sortir complètement de la tendance à l'autonomisation analytique. Ils soutiennent en effet que la question nationale, telle qu'elle se manifeste principalement au Québec, «constitue le point nodal des contradictions régionales au Canada et le mode de réalisation privilégié de sa tendance à l'éclatement. Bien plus... la question nationale seule peut transformer le problème régional canadien, dans le procès même de la lutte des classes, en un facteur effectif d'éclatement de la formation sociale»[54]. En fait, ils surestiment la force de désarticulation que peut exercer le Québec sur l'État canadien alors même qu'historiquement la question nationale n'a jamais réussi à menacer sérieusement son intégralité structurelle; et ils négligent du même coup ces autres régionalismes canadiens qui, à diverses reprises, ont secoué non moins directement que la question nationale l'organisation sociétale canadienne (entre autres les mouvements de protestation agraires de l'Ouest, le chantage de l'Alberta concernant le pétrole). C'est un peu faire preuve de courte vue que d'attribuer à la seule question nationale la crise du fédéralisme canadien. Selon les conjonctures, les autres provinces n'ont pas manqué de le mettre aussi à rude épreuve.

Consciente des problèmes particuliers que constitue le poids des régionalismes pour la cohésion de l'État canadien, Lizette Jalbert suggérait récemment les linéaments analytiques qui en permettraient une compréhension adéquate[55]. Pour Jalbert, le régionalisme au Canada ne saurait être que l'effet de l'inégal développement économique des régions et/ou provinces ainsi qu'on l'explique souvent. Au contraire, «par régionalisme, il faut entendre un mode particulier d'éclatement, de fissuration, d'atomisation d'une formation sociale qui préside à la constitution, en son propre sein, d'entités sociétales dont les caractéristiques diffèrent et se contredisent. Précisons que ce mode particulier d'éclatement met en cause l'ensemble des rapports sociaux et qu'en termes de causalité, le procès de constitution de ces entités régionales ou locales ne s'organise pas de manière univoque... Il n'est donc pas un phénomène strictement économique car ce qu'il questionne, c'est l'oganisation de la société dans son ensemble. À ce titre, le terrain privilégié d'analyse du régionalisme sera le politico-idéologique en tant que le lieu par excellence de condensation des contradictions sociales[56]».

En tant que tel, le régionalisme ne met pas simplement en relief les procès différentiels de développement du capitalisme dans chaque région, mais il s'inscrit aussi — et peut-être surtout — dans la matérialisation d'obstacles au consensus et à l'intégration de la société. L'inégalité économique des régions est certes une dimension importante du régionalisme, mais elle renvoie aussi directement aux divers mouvements de contestation politico-idéologiques qui s'appuient sur elle.

Les hypothèses de Jalbert visent surtout à explorer le mouvement contradictoire de «dislocation/unification» qu'impriment à l'État canadien les divisions régionales. Dislocation d'une part: la «situation de double État» à l'intérieur de laquelle paliers provinciaux et central de l'État promeuvent des intérêts particuliers et souvent contradictoires, accentue les tensions entre centralisation et décentralisation du pouvoir d'État et compromet parfois l'hégémonie de la classe ou fraction dominante. Unification d'autre part: l'entrave que posent les divisions régionales à l'unité des classes subordonnées joue en faveur de la cohésion de la classe ou fraction dominante qui est, dès lors, moins menacée par les tentatives d'alliance de celles-ci. La segmentation étatique provinciale, en l'absence d'une situation vraiment révolutionnaire, empêche la jonction des mouvements de protestation parfois difficilement conciliables et contribue, de ce fait, au maintien de l'État central.

L'intérêt du schéma de Jalbert réside dans le fait qu'il permet d'appréhender le Québec d'abord — mais non pas exclusivement — dans sa dimension régionale, comme intégré au procès d'actualisation de la société et de l'État canadiens. La question nationale n'en est pas pour autant reléguée aux oubliettes; elle recouvre, au contraire, un champ d'application plus vaste. Elle n'apparaît plus comme simple reflet de la dualité ethnique ou comme le *modus vivendi* exclusif de la réalité socio-politique québécoise. Elle participe désormais au procès de dislocation/unification de l'État canadien; elle prend en ce sens son ampleur véritable. Il est important de voir que si la question nationale alimente certains aspects de la vie politique québécoise, elle agit peut-être surtout sur l'ensemble de l'État canadien, d'une part, en le mettant en question, (à travers la contestation nationaliste) et, paradoxalement, d'autre part, en le renforçant puisque jusqu'à maintenant, elle n'a pu faire mieux que d'inciter à la réforme constitutionnelle sans altérer réellement les structures de l'État canadien.

Travaillant pourtant parallèlement, Gérard Boismenu a articulé une position conceptuelle qui rejoint celle de Lizette Jalbert. Dans un ouvrage récent portant sur les politiques économiques et les rapports socio-politiques sous le régime Duplessis[57], il prend bien soin, au préalable, de situer analytiquement la conjoncture considérée à l'intérieur de l'ensemble structurel canadien. S'inspirant des travaux théoriques de Lipietz entre autres[58], Boismenu pose clairement le Québec comme *espace régional* de la formation sociale canadienne. Il soutient en effet que le Canada en tant que formation sociale présente une unité structurelle qui, réalisée à travers les multiples contradictions d'ordre social, économique, politique et idéologique, constitue le lieu global de la matérialisation de la lutte des classes. L'État capitaliste surdétermine l'espace social et précise la délimitation géographique des manifestations concrètes de la lutte des classes. Au Canada, l'État conditionne par sa forme fédérative la création d'espaces régionaux. À travers ces différents niveaux provinciaux, il détermine le développement économique des régions et définit la spécificité de l'articulation des rapports sociaux. Chaque espace régional, tout en maintenant ses particularités propres, participe donc à l'unité de la formation sociale canadienne.

Cela ne permet pas de croire pour autant que la réalité socio-politique québécoise est irrémédiablement subsumée dans l'ensemble canadien. Simplement, il s'agit plutôt de situer la saisie des rapports de pouvoir politique et de la structure globale des classes, non pas seulement à travers la seule réalité spécifique du Québec, mais aussi sur une base pancanadienne. Le Québec recouvre ses propres phénomènes politiques, économiques et idéologiques mais en tant que partie de la formation sociale canadienne.

En conceptualisant le Québec comme espace régional canadien, il devient possible de transcender les connotations purement culturalistes de la question nationale et ainsi resituer celle-ci comme intervenant dans la réalité socio-politique canadienne. Elle se voit ainsi conférer un dynamisme nouveau que ne lui reconnaît pas, comme tel, le discours sociologique courant. Celui-ci, dans sa forme actuelle, perçoit la question nationale comme une espèce de paramètre, de donnée immuable avec laquelle on doit inévitablement composer. Aucun effort réel n'est véritablement tenté pour dépasser l'image monolithique — voire statique — qu'impose au Québec la question nationale; on ne lui cherche pas de profondeur sociologique autre que celle qu'elle revêt *a priori*. Or, en considérant le Québec comme espace régional, on replace le problème nationalitaire à l'intérieur de son arène sociologique propre, c'est-à-dire comme partie prenante et agissante de l'ensemble des rapports sociaux, culturels, économiques et politiques qui scandent non seulement la société québécoise, mais aussi la formation sociale canadienne.

En cela, il ne s'agit pas d'aplanir, à la manière fédéraliste, les particularités du Québec; il s'agit plutôt de concevoir cette entité comme une structure sociétale qui possède une historicité propre et qui participe tout à la fois à l'organisation globale de la société et de l'État canadiens. Dans cette nuance conceptuelle réside la possibilité véritable d'une appréhension plus juste de la réalité socio-politique québécoise.

*   *   *

Une présentation aussi succincte du concept d'espace régional ne permet certes pas d'en juger adéquatement. Dans les textes qui suivent, on en trouvera des exposés plus élaborés.

On aura sans doute remarqué que le recours au concept d'espace régional constitue en quelque sorte l'aboutissement d'un cheminement intellectuel qui a graduellement libéré une partie du discours sociologique d'un culturalisme «dualisateur» et ethnocentrique. Ce culturalisme a dominé et domine encore l'orientation de plusieurs analyses sociologiques sur le Québec. Si, cette domination est impropre — voire improductive — du point de vue de la production de la connaissance, elle l'est autant du point de vue de la pratique politique. Alors que plusieurs pensent encore que l'État québécois constitue à la fois la porte de sortie de la collectivité francophone et le rempart contre un fédéralisme envahissant, il est temps de réaliser que ce même État, dans sa forme actuelle, n'est ni l'un ni l'autre. Il s'insère au contraire dans une parfaite acceptation des structures bourgeoises de l'État canadien; sa marginalité supposée, que d'aucuns croient novatrice, ne tient en fait qu'à un désaccord quant aux modalités de cette insertion (contentieux constitutionnel). Au moment même où il eût été de mise de faire des gestes radicaux, l'attitude mitigée d'un gouvernement qui s'est complu, avant son accession au pouvoir, dans les potentialités libératrices de l'État québécois, illustre bien cette situation. Il est donc impératif que certaines analyses de la réalité socio-politique québécoise soient mises en question, si l'on tient à élaborer une pratique politique plus efficace. Tant et aussi longtemps qu'il n'y aura pas de mouvement politique désireux et capable de remettre radicalement en question les structures politiques, économiques et idéologiques sur lesquelles se fonde l'État canadien, il faudra renoncer à une quelconque forme de libération véritable. C'est tout l'État capitaliste canadien qui doit être mis en cause et non pas simplement les modalités d'existence du Québec en son sein. Pour cela, il nous faudra sortir de la complaisance nationalisante des analyses qui ont fait autorité jusqu'ici.

L'État fédératif et l'hétérogénéité de l'espace

Gérard Boismenu

Lorsque l'on procède à l'analyse de la réalité sociale, économique et politique du Québec, on est confronté à un dilemme de taille. Ou bien on maintient les sous-entendus, les quiproquos et les malentendus, et de la sorte on s'inscrit dans la littérature déjà existante; ou bien, au contraire, on décide d'aborder directement le problème et, en ce cas, on s'impose nécessairement un détour théorique afin d'ébaucher une nouvelle problématique. C'est en prenant nettement parti pour cette deuxième orientation que les propositions théoriques qui suivent sont avancées.

Comme le souligne D. Salée, dans la plupart des études existantes, la société québécoise apparaît détachée de l'ensemble canadien. L'attention est localisée avant tout sur la spécificité québécoise et sur l'«État» québécois, laissant pour compte les rapports entre la société québécoise et la société canadienne négligeant l'État québécois dans l'ensemble de l'État fédératif canadien. Sous prétexte qu'il s'agit d'un État fédératif, tout se passe comme si l'État canadien se décomposait en parties distinctes qui seraient dotées d'une logique et d'une cohérence indépendantes.

Les conséquences théoriques et pratiques d'une telle conception sur la recherche sont nombreuses. Elle exerce notamment une certaine influence sur les études québécoises fondées sur le concept de la lutte des classes et inspirées du matérialisme historique. Cette influence se manifeste, tour à tour ou à la fois, de trois manières.

1) Le Québec est au mieux situé dans la formation sociale canadienne en suivant une démarche intuitive ou descriptive. La «spécification régionale» québécoise peut être esquissée sommairement sans être fondée rigoureusement sur le plan théorique[1]. Malgré certaines propositions terminologiques, la conceptualisation est insuffisante lorsqu'il s'agit d'inscrire le Québec dans l'ensemble canadien et ce, aussi bien au niveau économique qu'aux niveaux politique et idéologique. Cela vaut cependant encore mieux que les analyses qui, partant de l'oppression nationale, concluent à un dédoublement de structures Canada/Québec[2].

2) L'État canadien est appréhendé à l'aide d'une conception graduée de l'État, produit du recoupement d'un double sectionnement de la réalité: d'abord, de la bourgeoisie saisie par ses fractions, dont il est convenu qu'elles n'entretiennent que des rapports d'extériorité; puis, des niveaux de l'État fédératif saisis dans des rapports d'extériorité. Cela fait en sorte, que telle fraction ou couche de la bourgeoisie est assignée à un niveau de l'État, alors que telle autre est assignée à un autre niveau[3]. Cette approche débouche sur une vue mécaniste des rapports de classes au sein de l'État canadien. J'y reviendrai.

3) Les rapports de classes en relation avec le niveau provincial de l'État ne sont pas étudiés dans leur totalité. Le niveau provincial est analysé en tant qu'État, qualifié parfois de «tronqué», tendant à matérialiser un pouvoir distinct. En conséquence, il y a recherche, au moins implicite, pour repérer la structure de classes qui sous-tend le pouvoir matérialisé par cet État; le niveau provincial de l'État est donc mis en relation plus spécifiquement avec les classes davantage influencées, dans leur composition, par les limites territoriales provinciales (la bourgeoisie non monopoliste, la petite bourgeoisie et la paysannerie), en sous-estimant singulièrement la composante principale du bloc au pouvoir — composante qui dirige la structure du pouvoir

au sein de l'État fédératif —, à savoir: la grande bourgeoisie[4].

Il s'avère tout à fait essentiel, pour tenter d'échapper à ces effets et glissements théoriques, de présenter quelques outils conceptuels qui permettent d'établir les rapports entre la réalité spécifique (société et appareils d'État) du Québec et l'ensemble de la réalité canadienne, et de cerner la base sociale qui produit la spécificité des rapports de classes analysés. Dans cette perspective, la configuration spatiale de l'articulation de ces rapports se situe au coeur de la discussion. Nous devons nécessairement aborder le problème de l'espace social tel qu'il se présente au Canada et poser le Québec par rapport à cet espace. Ainsi, je traiterai, dans un premier temps, de l'articulation des rapports de classes à la fois dans *l'espace formation sociale du Canada* et dans *l'espace régional du Québec;* dans un deuxième temps, je m'attacherai à la question de la reproduction médiatisée de l'articulation respective de ces rapports dans et à travers l'État fédératif canadien.

Le traitement approfondi de ce projet dépasserait le cadre du présent chapitre; je me limiterai surtout à la formulation de propositions permettant d'esquisser une problématique. Plus précisément, la présentation du concept d'espace formation sociale associé au Canada permettra d'introduire le concept d'espace régional. Il s'agit là des points d'ancrage pouvant mener à une discussion sur l'État fédératif canadien et au mode d'expression des rapports de classes contradictoires qui le traversent.

Espace formation sociale et espaces régionaux au Canada

La conception de l'espace qui guide la discussion est inspirée essentiellement des travaux d'Alain Lipietz. L'espace social est saisi comme produit dynamique du déploiement spatial de l'articulation des rapports de classes, tels qu'ils se manifestent aux niveaux économique, politique et idéologique. Considérant que l'articulation des structures sociales définit la «morphologie» de l'espace, les modes spécifiques d'articulation de ces structures engendrent une différenciation des espaces concrets. Ainsi, peut-on dire avec Lipietz, que «la structuration de l'espace est la dimension spatiale des rapports sociaux, et, ceux-ci étant luttes de classes, *la structuration de l'espace est luttes de classes,* non seulement en ce sens qu'elle en est le produit, mais en ce qu'elle en est un enjeu et même un moyen»[5]. Cette compréhension de l'espace social, qui y voit la matérialisation différenciée d'un mode d'inscription de la lutte de classes, nous mène loin d'un repérage primaire du territoire ou de la cartographie dans la réalité de l'espace.

L'approfondissement de cette compréhension de l'espace permet d'appréhender la complexité de la configuration et des modes d'articulation des rapports de classes au Canada dans leur inscription spatiale. D'entrée de jeu, il faut reconnaître que le Canada, en tant qu'espace socio-économique et État, a été constitué et formé semblablement, malgré des caractéristiques propres, à l'ensemble des sociétés dominées par le capitalisme. Sur le plan conceptuel, il ne faut donc pas perdre de vue que le Canada est une formation sociale capitaliste.

Le procès de constitution de la formation sociale au Canada

Dans les colonies britanniques d'Amérique du Nord, le déroulement de la lutte des classes au milieu du XIXe siècle est marqué par le développement du capitalisme et s'insère dans le processus de constitution de l'espace formation sociale, dont l'enjeu politique gravite autour de la création de la fédération canadienne[6]. Un mouvement fondamental multiforme milite en faveur de la constitution d'un espace unifié et d'un État réunissant les colonies britanniques. Ce mouvement est alimenté principalement par les intérêts de la métropole, par l'essor de la bourgeoisie commerciale et bancaire, par les projets des sociétés ferroviaires et le développement d'un capital industriel, par la nécessité d'élargissement du champ d'accumulation du capital et de création d'un marché intérieur.

Ce mouvement n'a cependant rien d'univoque et de rectiligne; il rencontre des résistances et des oppositions qui obligent le compromis politique fédératif. Je reviendrai, plus loin, sur ce compromis. Je voudrais souligner dès maintenant que le processus de constitution de l'espace canadien, comme formation sociale, est hautement contradictoire. D'une part, ce processus est dirigé par la bourgeoisie et, tendanciellement, il assure une unité globale au développement des rapports économiques, politiques et idéologiques; il s'agit d'un processus de constitution d'une structure globale de rapports de classes sur la base de laquelle se développe une organisation typique de rapports de pouvoir politique. Mais, d'autre part, dès le début, ce processus est animé par une spécification régionale marquée des rapports de classes; et on sait que par la suite ce processus n'a pu se développer qu'à travers le renouvellement et le renforcement de cette spécification. Le recul historique permet d'affirmer que la structuration de l'unité de la formation sociale canadienne passe par l'existence concurrente de tendances opposées, dont l'intensité est variable, exprimant la spécification régionale des rapports de classes.

Historiquement, il s'avère donc que la constitution de l'espace et de l'État canadiens s'inscrit dans le processus général de constitution de la formation sociale et de l'État capitalistes, mais que ce processus ne se réalise qu'en dépassant toujours provisoirement des tendances contraires mettant en relief une base classiste diversifiée. Le repérage de ce caractère contradictoire commande une réflexion d'ordre théorique sur le mode d'articulation des rapports sociaux qui fait la formation sociale et qui différencie cet espace.

L'espace de la formation sociale

Contrairement à ce que pourrait laisser supposer une vue simpliste des choses, la domination de la production capitaliste dans la société n'a pas éliminé toutes les autres formes de production; ainsi, faut-il reconnaître que différents types de rapports de production président à la production des biens matériels. Le concept de formation sociale, construit afin de rendre compte de la complexité des rapports sociaux, permet de saisir la réalité sociale concrète qui est structurée par le mode de combinaison des différents rapports de production qui coexistent. Loin de coexister de façon anarchique ou dans leur isolement réciproque, les différents rapports de production s'articulent de telle manière qu'il y a un type de rapports de production qui est dominant et dont les lois de fonctionnement ont une influence décisive sur les autres.

À la suite du procès historique de la lutte des classes, le mode de production capitaliste devient dominant dans la formation sociale en atteignant une certaine cohérence et une certaine correspondance entre ses différents niveaux de rapports sociaux (économiques, politiques et idéologiques). L'avènement de la dominance capitaliste revêt une dimension spatiale de première importance. En effet la transformation de la formation sociale sous la direction du capitalisme montant s'accompagne[7] d'une structuration d'un nouvel espace social (dont la matrice diffère de celles des sociétés antique et médiévale) par la destruction des barrières économiques, politiques, idéologiques et linguistiques s'opposant à l'existence d'un champ d'accumulation et d'un marché étendus, et à l'établissement de l'organisation du pouvoir politique dans un État qui détient des procédés majeurs d'organisation de l'espace. Ce nouvel espace a pris la forme typique, mais non pas unique, d'État-nation.

Dans le cours de la consolidation de sa dominance, le mode de production capitaliste détermine l'organisation principale de l'ensemble des rapports sociaux, à la fois au niveau de la base économique et au niveau de la superstructure, et il se reproduit sur une base élargie. Cela étant, au sein de l'espace formation sociale capitaliste, se posent les problèmes de la «persistance» de formes de production dominées, de l'articulation de ces formes au capitalisme et de l'effet de la reproduction du capital sur ces formes.

La reproduction du capital, comme reproduction sociale élargie, entraîne dans son sillage l'ensemble des rapports sociaux — capitalistes et non capitalistes —, et produit des effets significatifs de deux ordres sur le développement des rapports non capitalistes: elle tend, premièrement, vers la dissolution — dépérissement et destruction — des formes non capitalistes de production, et, secondairement, vers la conservation, le maintien des formes de production non capitalistes, en les subsumant et les restructurant. Dans la formation sociale capitaliste, les formes de production non capitalistes, subordonnées et restructurées, reproduisent sous l'égide du capital leurs conditions sociales et matérielles d'existence, de telle sorte que ces conditions sont désormais partie intégrante et même condition de la reproduction du capital.

La formation sociale, en tant qu'espace fondé sur l'articulation globale du mode de production capitaliste dominant et de formes de production non capitalistes, est le produit historique de la lutte des classes au moment de la confirmation et de la consolidation du pouvoir de la bourgeoisie et elle a pris la forme typique de l'État-nation. Sur ce dernier point, il faut apporter une précision. Dans de nombreuses situations, dont au Canada, le processus de constitution de l'espace social et politique capitaliste a donné lieu, au sein d'un même État et d'un espace formation sociale reconnu comme unitaire, à l'établissement, sous la direction de la classe dominante, de rapports d'oppression nationale entre les agents de deux nations. En fait, la question nationale n'est pas un facteur directement pertinent pour la désignation de l'espace formation sociale. Si ce dernier espace est souvent pensé par référence à l'État-nation, il ne saurait s'y réduire.

En somme, la formation sociale capitaliste représente un espace donné[8] de valorisation du capital et de matérialisation de la lutte des classes sous la domination de la bourgeoisie où se définissent: une articulation globale du développement des rapports sociaux de tous ordres, une structure générale de rapports de classes, une organisation des rapports de pouvoir politique qui se matérialisent par et dans l'État.

Différenciation régionale de la formation sociale

Bien que la formation sociale relève d'un processus d'unification de l'espace, duquel l'on repère une articulation globale, une structure générale de classes et une organisation du pouvoir, on ne peut assimiler cet espace, dans son développement, à un espace uniforme et homogène; en effet, l'articulation des rapports sociaux ne se matérialise pas de façon uniforme au sein de l'ensemble de la formation sociale.

On sait que la reproduction élargie est dominée par la reproduction du capital. Or, cette reproduction est foncièrement contradictoire. D'abord, la reproduction du capital, tendant vers le dépérissement des formes de production non capitalistes remodèle constamment les rapports contradictoires entre ces formes et le capital qui, à terme, empruntent, par leur exacerbation, des formes brutales et violentes. Ensuite, la reproduction du capital signifie tout autant reproduction des conditions sociales et matérielles d'existence du capital que reproduction des contradictions inhérentes au capitalisme telles que le développement inégal et les contradictions antagoniques et non-antagoniques entre les classes. En d'autres termes, la reproduction sociale élargie du capitalisme produit nécessairement une différenciation régionale des modes et des incidences de l'articulation des rapports sociaux à travers l'espace formation sociale.

La spécification régionale de lamatérialisation des rapports sociaux est sous-tendue principalement par cinq ordres de facteurs:

1) Les modalités concrètes de la «persistance» des formes de production non capitalistes, particulièrement dans l'agriculture, et de leur articulation à la production capitaliste. Si historiquement on a connu en agriculture une articulation externe, puis l'intégration, il faut voir que, d'une part, ce cheminement a suivi des schémas évolutifs variés (types anglo-prussien, américain, français), et que, d'autre part, la phase actuelle d'intégration est loin de s'identifier à la prolétarisation absolue, car l'on discerne plutôt une différenciation des rapports d'exploitation[9].

2) Le déploiement spatial du capital monopoliste dans ses rapports avec les autres couches et fractions de la bourgeoisie, particulièrement avec le capital non monopoliste et le «grand capital familial-régional».

3) La spécialisation et l'inégalité du développement capitaliste. Dans le prolongement de ce qui précède, les régions économiques existent en tant qu'aires regroupant tendanciellement différents types de branches et différents types de travaux au sein des circuits de branche (pôles directionnels, centres de fabrication qualifiée, centres de main-d'oeuvre «non qualifiée»)[10].

4) La ségrégation spatiale des forces de travail. Il s'agit d'un ordre de facteurs concomitant aux précédents. Avec la segmentation et la régionalisation du marché du travail, l'on connaît une différenciation des bassins de main-d'oeuvre, des zones de salaire, etc.[11].

5) La mondialisation de l'économie et ses effets de dislocation de l'espace économique. Soulignons, plus particulièrement au Canada, que la pénétration du capital étranger se combine aux précédents facteurs qui participent à la spécification des espaces régionaux, voire à la balkanisation[12].

L'utilisation de ces ordres de facteurs dans une analyse économique objective permet de prendre la mesure de la «détermination en dernière instance au niveau économique de l'hétérogénéité spatiale et de ses mutations...»[13]. Mais si cette seule détermination dessine la trame de l'espace, elle est loin de rendre compte des rapports multiformes qui composent sa physionomie réelle. Avant d'approfondir cette question, on peut dès lors dire que l'articulation des formes de production non capitalistes et du mode de production capitaliste ainsi que la matérialisation des contradictions inhérentes au développement du capital constituent l'espace formation sociale, de même que, par les spécifications régionales de cette articulation, un certain nombre d'espaces régionaux. Les espaces régionaux spécifiés, en tant que morphologies spatiales de la formation sociale, participent à l'unité contradictoire de cette formation.

Unité contradictoire de la formation sociale canadienne

La formation sociale canadienne, configuration spatiale produite par une structure sociale complexe, se développe et approfondit son unité en reproduisant des espaces régionaux qui, tout en ne s'uniformisant pas, participent contradictoirement à cette unité. Si bien que d'une façon générale, le Canada présente une unité structurelle, aussi bien économique que politique (ce dernier aspect sera discuté attentivement dans l'autre section), qui constitue le lieu global de la matérialisation de la lutte des classes sous la domination de la bourgeoisie; mais, du même coup, cette unité structurelle n'existe que par et dans la spécificité de sa matérialisation des espaces régionaux.

Il faut bien saisir que l'unité de la formation sociale et de la spécification régionale sont deux aspects contradictoires qui, sous la domination du premier aspect, s'impliquent mutuellement. Cela pose le problème de l'appréhension concurrente de ces aspects dans une même situation, en ce sens que tout phénomène est partie de la spécification régionale et élément concourant contradictoirement à l'unité de la formation; cela pose aussi le problème de la domination, plus ou moins instable, de l'unité sur la spécification régionale. Ce dernier problème est crucial pour le Canada; à ce sujet, loin d'apporter une réponse définitive, je vais me contenter d'avancer quelques hypothèses qui restent à fouiller et à approfondir.

Au Canada, sans doute moins qu'ailleurs, l'unité de la formation sociale ne peut être apparentée à une quelconque uniformisation ni à une harmonisation des rapports sociaux. L'unité structurelle de la formation sociale n'est pas une donnée; bien au contraire, cette unité se réalise par et à travers les multiples contradictions sociales, économiques, politiques et idéologiques. Plus: l'unité économique et politique du Canada est toujours compromise, car elle passe notamment par la différenciation accrue des espaces régionaux et l'approfondissement des inégalités, par la spécification régionale de la lutte des classes, par l'oppression nationale et la résistance qu'elle suscite, par des régionalismes idéologiques et le nationalisme québécois, par les luttes au sein de l'État et les rapports conflictuels entre les niveaux de l'État. L'unité économique et politique est ainsi particulièrement affectée par une tendance endémique à l'éclatement; c'est-à-dire qu'au Canada la question de la reproduction de l'unité de la formation sociale est constamment, ou plutôt régulièrement, à l'ordre du jour.

Rôle du politique dans la constitution de l'espace

À ce stade de la discussion, il faut souligner un point majeur dans la constitution de l'espace, à savoir le rôle du politique.

L'espace formation sociale, comme lieu structurel déterminé par le développement de la lutte des classes, constitue un espace global où se définissent des rapports de pouvoir politique qui s'expriment, s'organisent et se condensent par et dans l'État. Cet État qui matérialise des rapports de pouvoir typiques, consacre et renouvelle la domination de la bourgeoisie, notamment en participant, comme agent actif, à la reproduction contradictoire du capital et des rapports de classes. Et à ce titre, l'État, selon des modalités particulières à travers l'histoire mais dès le départ, joue un rôle significatif dans l'inscription et la matérialisation spatiales des rapports de classes et de leur reproduction. En fait, par son organisation unitaire ou fédérative, par sa conformation et l'étalement de ses dispositifs pour le démarcage périphérique de l'espace et pour le quadrillage interne de son hétérogénéité, l'État surdétermine la constitution de l'espace social[14].

La surdétermination de la constitution de l'espace possède plus d'une dimension. *Premièrement,* l'État précise la délimitation, d'une part, de l'exercice du pouvoir classiste tant par la violence publique organisée que par l'hégémonie sur les masses — espace du droit, de la citoyenneté, de la force légitime, du quadrillage administratif, d'un système de rapports politiques, d'une idéologie unifiante, etc. — et, d'autre part, de la manifestation concrète de la lutte des classes (aux niveaux économique, politique et idéologique) conditionnée par la désignation de foyers privilégiés agissant comme centres d'attraction pour l'expression de cette lutte. *Deuxièmement,* l'État surdétermine la constitution de l'espace par son intervention pour l'organisation et la reproduction spatiale des rapports d'exploitation; cet «aménagement du territoire» emprunte les formes concrètes de l'urbanisation, des infrastructures pour les communications et les transports, des contraintes ou restrictions juridico-administratives pour la disposition de parties de l'espace social, etc. *Troisièmement,* l'État, tout en enregistrant et révélant dans son réseau institutionnel-administratif les modes spécifiques d'articulation des rapports sociaux, agit sur ces modes pour les consolider, pour les transformer ou pour les dissoudre.

Si le développement de l'État consiste à construire une adéquation entre l'espace formation sociale et son espace politique, l'action de l'État est généralement moins nette dans le façonnement d'espaces politiques restituant la trame interne de l'hétérogénéité spatiale au niveau économique.

Cependant cette trame produit des effets à la fois propres et diversifiés sur la configuration des complexes de rapports politiques, sociaux et idéologiques. Alors que ces effets peuvent se traduire par la prise en compte au sein de l'État de l'hétérogénéité spatiale par la désignation de foyers privilégiés correspondants et par l'agencement de son réseau institutionnel-administratif, les espaces politiques (étatiques) se dessinent rarement en parfaite coïncidence avec les espaces (économiques) régionaux. Pourtant, en marge de l'appareil d'État ou en relation avec lui, la constitution de «féodalités» ou de systèmes de relations politiques et idéologiques diversifiés, de bastions politiques pour tel ou tel parti ou tendance au sein des partis, de traditions idéologiques et culturelles et de modes de résistance à la «domination intérieure» moule, au sein de la «société locale», des systèmes hégémoniques régionaux et, donc, du moins en pointillé, des espaces politiques et idéologiques concurrents aux espaces économiques[15]. Même s'il n'y a pas nécessairement coïncidence stricte entre ces «espaces particuliers», ils se combinent généralement pour modeler l'espace régional.

L'État fédératif, par les caractères propres de son organisation, possède la capacité, à un premier niveau, d'accentuer le recoupement des espaces particuliers des rapports économiques, politiques ou idéologiques, et de le cristalliser en désignant politiquement à la fois des foyers de polarisation des rapports multidimensionnels des classes et des territoires correspondants. À l'opposé, le fonctionnement même de l'État unitaire atténue et embrouille le tracé de la région — sans pour autant la dissoudre — par le difficile recoupement des espaces particuliers de rapports qui semblent se superposer avec des centres de convergences distincts et, éventuellement, distants[16].

Surdétermination de l'État fédératif canadien et espaces régionaux

Ce rôle surdéterminant dans la constitution de l'espace concret «formation sociale», l'État canadien l'assume plei-

nement; il faut cependant souligner que cette surdétermination est conditionnée par l'organisation fédérative de cet
État. Tout d'abord, l'espace canadien, formé au départ de
colonies britanniques mutuellement indépendantes, produit, sur la base de l'articulation complexe et différenciée du
mode capitaliste de production et des formes non capitalistes et, aussi, du redéploiement inégal du capital, une unité
spatiale qui passe par une forte spécification régionale. Cela
étant, le déploiement de l'État fédératif canadien, en surdéterminant la constitution de l'espace, définit concrètement à
la fois l'unité de l'espace formation sociale et la différenciation d'espaces régionaux.

L'État fédératif canadien, et notamment son niveau
provincial, en délimitant des aires d'exercice du pouvoir et
en désignant des foyers correspondants d'expression de
lutte, en supportant une intervention diversifiée d'«aménagement du territoire», et en modulant dans des lieux différents des actions sur le développement différencié des rapports de classes, est venu tantôt consacrer les caractéristiques du développement économique et social des régions,
dont le déploiement inégal du capital, tantôt prononcer la
spécificité de l'articulation des rapports sociaux. Si bien que
les espaces régionaux, qui sont produits, dans la foulée de la
reproduction sociale élargie, par la différenciation des
modes et des incidences de l'articulation des rapports
sociaux dans l'espace canadien et qui sont surdéterminés par
l'organisation générale et le déploiement de l'État fédératif,
peuvent être désignés, à un premier niveau et dans ses grands
traits, comme espaces provinciaux.

Tout en n'étant pas le fondement de la désignation des
espaces régionaux, les indices statistiques sur une base provinciale (portant notamment sur le revenu per capita, le chômage et la spécialisation relative de la production) illustrent
la production de tels espaces régionaux[17]. Dans l'ensemble,
les exigences de la valorisation du capital au Canada impliquent une démarcation tendancielle entre les divers espaces
provinciaux; cette démarcation revêt un caractère structurel

aussi bien à cause des rapports qui les produisent qu'à cause de son maintien illustré par les indices statistiques.

Je veux apporter deux précisions. Premièrement, si j'ai mentionné que l'espace canadien se différenciait à un *premier niveau* en espaces régionaux recoupant grossièrement les espaces provinciaux, c'est que ces espaces régionaux présentent un degré de complexité qui permet, à un autre niveau, une analyse distinctive approfondie d'une hétérogénéité spatiale interne. Et précisément, étant donné que la constitution des espaces relève des modes spécifiques d'articulation des rapports sociaux, quand je désigne un espace régional en l'identifiant à un espace provincial, je ne désigne pas un espace qui, individuellement, apparaîtrait comme homogène, harmonieux ou uniforme; il est plutôt compris comme lieu d'émergence d'intenses contradictions et luttes spécifiques. D'ailleurs, plusieurs études ont tracé la trame de différenciation économique interne de l'espace régional québécois[18]. Deuxièmement, il apparaît, pour bien saisir cette trame de différenciation interne au Québec (par exemple), que l'on ait à faire face au problème de l'atténuation du tracé des espaces «sous-régionaux» causé par le recoupement difficile des «espaces particuliers» (de rapports économiques, politiques et idéologiques); en cela, le problème rencontré est celui qui prévaut de prime abord dans les États unitaires.

L'espace régional du Québec

Comment peut-on qualifier le Québec au sein du Canada? La présente discussion m'amène à considérer le Québec comme espace régional de la formation canadienne.

Le Québec se spécifie par un mode donné d'articulation des rapports de classes surdéterminé par le niveau provincial de l'État. Le mode d'articulation qui représente le Québec doit être analysé concrètement dans les multiples aspects sous-tendant la réalité des classes; ces aspects dépassent, tout en la retenant, la seule oppression nationale. La

saisie de cette articulation des rapports de classes demande
que l'on revienne aux cinq ordres de facteurs principaux qui
fondent l'hétérogénéité spatiale; ces facteurs, ainsi que les
rapports et pratiques politiques et idéologiques qui se constituent de façon concomitante, et les axes de rapports discriminants — dont l'oppression nationale[19] — qui traversent la
réalité des classes, tracent les lignes de force de l'organisation des rapports et des pratiques de classes dans l'espace
régional québécois.

Cela dit, l'espace régional du Québec participe à la
constitution de l'espace (économique, social et politique)
canadien et à son unité contradictoire. La spécificité québécoise trouve son sens en s'inscrivant dans la structure globale canadienne; de la sorte, l'unité contradictoire des rapports de pouvoir politique et l'unité de la structure globale
des classes, notamment, ne peuvent être saisies correctement en se limitant à la seule réalité spécifique du Québec;
au contraire, elles doivent être saisies sur une base pan-
canadienne. Cependant, la réalité spécifique du Québec, à
quelque niveau de rapports que ce soit, ne se dilue pas pour
autant dans l'ensemble canadien; elle est plutôt ainsi recon-
nue et située. Les caractères propres des phénomènes économiques, politiques et idéologiques au Québec ne peuvent
être compris qu'en tant que manifestations différenciées de
la lutte des classes dans l'espace régional du Québec, partie
de la formation canadienne.

En m'appuyant sur ces considérations, je vais m'inté-
resser plus particulièrement à l'unité contradictoire des rapports de pouvoir politique au Canada et à sa réalisation
complexe par et dans l'État fédératif.

L'exercice du pouvoir d'État au Canada

L'État unitaire est souvent assimilé à l'État capitaliste
typique, comme si l'État fédératif représentait un ersatz
appauvri de la matérialisation du pouvoir politique de la
bourgeoisie. Chose certaine, c'est que, comparativement à

l'État unitaire, l'analyse de la matérialisation du pouvoir dans l'État fédératif comporte un degré de complexité plus élevé.

Afin d'apprécier cette complexité, il est souhaitable de repérer quelques points d'ancrage qui sous-tendent la formation d'un État fédératif. On peut, en effet, se demander dans quelles circonstances l'État capitaliste emprunte cette organisation. Or, d'une façon générale, l'État fédératif témoigne d'un compromis politique inhérent à la formation de l'État qui tente de dépasser, tout en ne les résolvant pas — mais plutôt en les assimilant dans l'étalement de ses appareils et à travers la déconcentration des lieux d'exercice du pouvoir —, un ensemble de contradictions sociales exacerbées. Parmi ces contradictions[20] qui s'expriment par des affrontements ou des conflits aigus, on pense au morcellement des espaces économiques, à l'hétérogénéité des composantes de la classe virtuellement dominante, à l'oppression nationale, aux rivalités religieuses et à la rigidité de la superstructure politique et idéologique antérieure à la formation du nouvel État.

Les conditions qui ont présidé historiquement à la formation de l'État fédératif canadien s'inscrivent tout à fait dans ce scénario. Un mouvement fondamental multiforme milite en faveur de la constitution d'un espace unifié et d'un État unificateur, pour ne pas dire unitaire. L'hypothèse de l'État unitaire achoppe sur un complexe de résistances, d'oppositions et de freins qui dicte le compromis politique fédératif.

L'état des rapports de classes contradictoires au sein des colonies compose essentiellement ces résistances, oppositions et freins. L'état de ces rapports est le produit social d'un régionalisme économique, politique et idéologique favorisé par l'histoire coloniale et les données géographiques, de la diversité du développement économique des provinces coloniales, du degré de formation variable et de la spécialisation des bourgeoisies provinciales, de l'opposition à l'hégémonie de la bourgeoisie canadienne-anglaise du

Canada-Uni, de la résistance québécoise à l'oppression nationale et de la non-participation, voire de la contestation, au projet politique conservateur et anti-démocratique de la bourgeoisie[21]. D'une manière générale, la différenciation et la spécificité de la lutte des classes dans les différentes colonies ont imposé empiriquement l'État fédératif.

Le compromis politique fédératif, qui permet la création de l'État canadien, confirme les espaces sociaux (économiques et politiques) des provinces coloniales et reconnaît, en les départageant, les deux composantes historiques et nationales (Ontario et Québec) du Canada-Uni pour les doter d'un niveau d'appareil d'État et de compétences constitutionnelles. Le compromis politique fédératif rend possible la création de l'État canadien, mais il est loin de résoudre les contradictions qui l'ont provoqué. L'État fédératif, au contraire, en transformant les conditions de leurs manifestations, a assimilé et intégré ces contradictions dans l'organisation de ses rapports internes comme modalités d'existence des rapports de pouvoir au Canada.

Il est clair que la matérialisation de la domination et de la direction de la bourgeoisie au Canada par et dans les niveaux de l'État fédératif pose des problèmes quant au mode d'appréhension de leurs manifestations concrètes. Une certaine conception de l'État canadien tente de dépasser ces problèmes, mais en réduisant les phénomènes d'ensemble de l'État canadien à quelques aspects particuliers et en adoptant une perspective mécaniste des rapports de classes au sein de l'État. Il s'agit d'une *conception graduée* de l'État qui, fondamentalement, identifie pour chacun des niveaux de l'État telle ou telle fraction ou couche de la bourgeoisie plutôt que toute autre.

Plusieurs auteurs s'inspirent, au moins implicitement, de cette conception graduée de l'État canadien sans pour autant avancer des conclusions similaires: le recoupement du double sectionnement de la réalité n'est pas le même. Relevons trois exemples. Dans son analyse de l'«économie politique de l'État canadien», Garth Stevenson[22] spécialise les niveaux de l'État dans la défense des intérêts d'une couche, d'une fraction ou d'une classe donnée, ou d'un genre d'intérêts. La périodisation définit trois étapes caractérisées par des recoupements différents. Dans un premier temps, le niveau central représente la bourgeoisie et les composantes du niveau provincial mettent de l'avant les intérêts des petits producteurs indépendants; dans un deuxième temps, le niveau provincial de l'État est lié aux exploiteurs des ressources naturelles alors que le niveau central représente les intérêts des compagnies ferroviaires, manufacturières et des banques; à l'époque contemporaine, finalement, le Canada, qui n'est plus qu'une réunion d'économies régionales, voit le niveau provincial de l'État dominé par une bourgeoisie, non moins régionale et spécialisée, qui ne réussit à s'unifier, sur une base aléatoire et compromise, que par le niveau central de l'État. D'un autre côté, Alfred Dubuc, contrairement à Stevenson pour la période contemporaine tout au moins, reconnaît l'existence d'une grande bourgeoisie canadienne[23]. Ici le recoupement est plutôt horizontal. De la sorte, la grande bourgeoisie exprime fondamentalement ses intérêts au niveau central de l'État alors que les tendances autonomistes au niveau provincial représentent les intérêts de la moyenne bourgeoisie, «traditionnelle» ou «nouvelle».

En discutant de la période duplessiste, Denis Monière, pour sa part, emploie le recoupement horizontal; cependant, dans la pratique, il en reconnaît le paradoxe[24]. De prime abord, le niveau provincial (québécois) de l'État est identifié aux intérêts de la petite bourgeoisie (je crois comprendre qu'il s'agit de la bourgeoisie non monopoliste) et le niveau central de l'État fonctionne pour la grande bourgeoisie. S'il y a paradoxe dans le cas du duplessisme, c'est que, contrairement à ce qu'établit le précédent recoupement, ce gouvernement assume les intérêts d'une partie de la grande bourgeoisie. Or, je remarque qu'il ne s'agit, à l'exclusion de toute autre fraction, que de la fraction américaine de la grande bourgeoisie.

La conception graduée de l'État, qui est appliquée pour le Canada plus particulièrement,[25] véhicule une tendance formaliste et mécaniste pour l'appréhension des rapports de pouvoir politique par et dans l'État fédératif. L'introduction de la question du paradoxe permet de souligner que, telle quelle, cette conception ne peut servir à l'analyse de la réalité politique que par l'accumulation de paradoxes. Ce n'est pas tant que la conception graduée de l'État soit sans rapport avec la réalité, c'est plutôt qu'elle simplifie à outrance et caricature la matérialisation des rapports de pouvoir au Canada. Par ailleurs, cette conception ne permet pas d'établir une problématique conséquente et efficace pour l'analyse de la matérialisation des rapports de pouvoir à la fois par les diverses composantes (10 provinces) du niveau provincial de l'État et par le niveau central de l'État.

Il convient donc de développer une problématique pour l'analyse de l'exercice du pouvoir par et dans l'État fédératif canadien. Je vais donc avancer des propositions qui débouchent sur une compréhension générale de la question et sur l'amorce d'une problématique. Pour ce faire, il faut revenir sur certains acquis de la discussion antérieure sur l'espace.

J'ai dit que par et à travers une intense spécification régionale, une unité structurelle contradictoire se définit et se précise dans la formation sociale canadienne. À même le déploiement inégal du capitalisme articulé aux formes de production autres, une structure globale de classes se constitue sur laquelle se fondent les rapports de pouvoir politique. Ces rapports de pouvoir politique, d'une part, déterminent la configuration du bloc au pouvoir et, d'autre part, se condensent et se matérialisent par et dans l'État fédératif canadien.

L'unité globale de la formation sociale passe nécessairement par la grande diversité des conditions d'existence, de manifestation et d'expression des classes selon les espaces régionaux. Et, tout autant que l'unité contradictoire des rapports sociaux, l'unité des rapports de pouvoir politique se produit par la multiplicité des formes de réalisation de la lutte des classes dans l'espace canadien. En conséquence, l'étude de la spécificité de la lutte des classes dans un espace régional permet de saisir les formes déterminées d'existence à la fois du développement capitaliste et de la domination du bloc au pouvoir au Canada par l'État fédératif. Dans cet ordre d'idées, se posent les questions de l'unité des rapports de pouvoir politique qui passe par la multiplicité des formes politiques de la lutte des classes et, concurremment, des formes déterminées de domination qui sont inscrites dans l'État fédératif.

En somme, la discussion de l'unité contradictoire de la formation sociale canadienne et de la structure globale des rapports de classes conduit à s'interroger sur l'exercice du pouvoir politique par l'État fédératif et sur la détermination des formes de domination tout autant au niveau central qu'au niveau provincial de l'État.

Thèse I: L'unité de la formation sociale, malgré sa différenciation spatiale, s'associe à l'unité de l'État fédératif et à la consolidation d'une classe dominante, aussi contradictoires que soient l'un et l'autre.

La formation de l'État canadien est historiquement apparue comme nécessité concomitante à la constitution de l'espace formation sociale. L'État fédératif canadien a été intrinsèquement lié à l'organisation, à la consolidation et au développement de l'espace canadien sous la direction et à l'initiative de la bourgeoisie.

Comme préalable, cette mise en relation évidente entre l'État et l'espace canadiens est nécessaire à une compréhension juste de l'organisation du pouvoir et de l'État. J'ai dit plus haut qu'il n'y avait qu'une formation sociale, bien que différenciée en espaces régionaux, il n'y a qu'une formation sociale; les espaces régionaux qui se particularisent et se spécifient, composent et participent à l'unité contradictoire de l'espace canadien. Tout autant, il faut reconnaître que l'État canadien n'est qu'*un,* bien qu'il ait une forme fédérative; la forme de l'État ne doit pas faire illusion sur son unicité et sur son unité. Le fédéralisme représente un mode d'existence de l'État capitaliste qui matérialise une organisation donnée de rapports de pouvoir; ainsi, la forme fédérative ne nous renvoie pas à de multiples États juxtaposés et matérialisant des organisations distinctes de rapports de pouvoir. Au Canada, il y a un État unique (souffrons le pléonasme) bien que de forme fédérative, qui matérialise une organisation générale des rapports de pouvoir politique.

L'État fédératif canadien matérialise le pouvoir de la bourgeoisie au Canada. Or, avant d'aller plus loin, il faut préciser que cette classe n'est pas homogène. Pour ne pas tomber dans une globalisation grossière qui ne mènerait qu'à une argumentation tautologique, esquissons quelques éléments sur la composition et la morphologie de la bourgeoisie au Canada[26]. La bourgeoisie au Canada est composée: a) de la bourgeoisie monopoliste canadienne qui se différencie en groupes financiers dont le déploiement spatial, comme base d'accumulation, est fort inégal et dont les composantes sont traversées par des tendances opposées quant à leurs liens avec les intérêts impérialistes étrangers et à leur position dans l'accumulation à l'échelle mondiale; b) de la bourgeoisie compradore — inféodée aux intérêts étrangers et les représentant directement — qui, à ce stade de l'internationalisation du cycle du capital productif, comprend les agents et représentants directs des propriétaires réels des sociétés étrangères ou les propriétaires partiels ou fictifs des filiales; c) de la bourgeoisie non monopoliste «provincialisée» — dans la mesure où son aire d'accumulation dépasse rarement les limites territoriales des provinces —, divisée en fractions et reproduisant en son sein les contradictions de la bourgeoisie monopoliste. Enfin, notons que l'oppression nationale se reproduit au sein de la bourgeoisie tout en ayant des effets irréguliers selon les couches et fractions; ces effets ont des répercussions quant aux places occupées par les agents au sein de la bourgeoisie et quant aux positions politiques défendues par ces agents.

Cependant, aussi divisée que paraisse la bourgeoisie quand on met l'accent sur sa composition et sa morphologie, elle dégage son unité et sa cohésion, en tant que classe, dans les rapports de domination sur la classe ouvrière et sur les masses. À cet effet, l'État, qui exprime et confirme la place de la bourgeoisie dans les rapports de pouvoir, représente un facteur d'organisation privilégié de la bourgeoisie où se façonnent et se développent son unité et sa cohésion qui reposent sur une organisation donnée des rapports entre ses composantes. De la sorte, l'homogénéité et l'uniformité, tout comme l'éclatement et le morcellement de la bourgeoisie, sont deux caricatures inversées qui aplatissent et réduisent la réalité d'ensemble de cette classe.

Thèse II: Le pouvoir politique de la bourgeoisie au Canada passe par l'ensemble de l'État fédératif, c'est-à-dire passe à la fois par le niveau central et par le niveau provincial de l'État.

Gardons à l'esprit que le pouvoir politique de l'alliance des couches et fractions de la bourgeoisie au Canada a trouvé sa forme d'existence dans l'État fédératif; ce sont précisément toutes les composantes de cet État qui fonctionnent au maintien et à la reproduction de ce pouvoir. Il est ainsi tout à fait incorrect de réduire l'exercice de ce pouvoir à l'un ou l'autre niveau de l'État. Ce qui signifie que le pouvoir politique de l'alliance des couches et fractions de la bourgeoisie se diffuse à travers tout l'État canadien. Bien qu'elles paraissent dispersées, morcelées et contradictoires, les pratiques politiques à chacun des niveaux de l'État procèdent d'une même organisation fondamentale des rapports de pouvoir classistes; en même temps, ces pratiques donnent consistance à l'existence de ce pouvoir.

Il faut insister sur cette idée, à savoir que l'organisation fondamentale de rapports de pouvoir, consolidée sur la base d'une alliance entre les couches et fractions de la bourgeoisie, fonde l'État fédératif et est la résultante constamment renouvelée des pratiques des agents politiques de cette alliance, à quelque niveau de l'État et aussi diverses soient-elles. Si j'y reviens, c'est que, suivant ces termes, il semble y avoir immédiateté et même superposition ou identité entre, d'une part, l'organisation fondamentale des rapports de pouvoir classiste et, d'autre part, le fonctionnement concret de l'ensemble des niveaux et branches de cet État fédératif qui veille au maintien et à la reproduction de ce pouvoir. Or il n'en est rien. Ne serait-ce parce que dans la société capitaliste, notamment, le pouvoir politique s'exerce indirectement[27]. D'une façon moins générale, je proposerai que ce rapport entre la diffusion du pouvoir politique et le fonctionnement des niveaux de l'État est médiat car il est conditionné et ne passe que par l'organisation spécifique des rapports politiques sur chacune des scènes politiques. La clé de ce rapport nous est donc donnée par la combinaison générale des configurations précises de chacune des scènes politiques; ce qui nous amène à s'interroger sur les déterminations de ces configurations.

Thèse III: L'organisation spécifique des rapports politiques sur les scènes politiques doit être saisie comme effets politiques pertinents du développement différencié de la lutte des classes dans l'espace canadien et dans chacun des espaces régionaux.

    L'État fédératif canadien, on l'a dit, surdétermine la constitution de l'espace canadien (formation sociale) et la différenciation des espaces régionaux (provinciaux). De cette discussion de l'espace différencié à partir de l'articulation des structures sociales, on peut déduire une distinction qui désigne l'orientation de base pour l'analyse de l'État canadien et des scènes politiques.

    La distinction, qui sera revue et précisée, tient à ceci: les effets politiques qui se concrétisent particulièrement sur chacune des scènes politiques du niveau provincial de l'État sont produits et supportés par l'articulation spécifique des rapports de classes qui constitue chaque espace régional; par ailleurs, les effets politiques qui s'inscrivent sur la scène politique du niveau central de l'État sont engendrés par l'articulation globale des rapports de classes qui fonde l'espace formation sociale dans son ensemble.

Partant de là, il faut raffiner le raisonnement car lorsqu'on fait la distinction entre les effets politiques des articulations spécifiques et de l'articulation globale des rapports de classes, il faut se rappeler que ces deux types d'articulation ne sont pas mutuellement étrangers ni isolés. En fait, on sait plutôt que la formation sociale est l'inscription spatiale d'une organisation unifiante — mais non uniformisante — des espaces régionaux qui se reproduisent par et dans cette unité contradictoire. Si bien que les espaces régionaux, tout en se spécifiant, sont simultanément parties intégrantes de la formation sociale. Cela m'amène à dire que les effets politiques pertinents enregistrés sur les sciences politiques sont engendrés sur la base d'espaces (régionaux et canadien dans son ensemble) qui sont intimement liés; il est donc artificiel de les départager de façon étanche et ensuite de les poser dans des rapports d'extériorité.

Dans le cadre de la domination de la bourgeoisie et sur la base de la différenciation de la formation sociale, les classes, couches ou fractions s'organisent et interviennent comme forces sociales et politiques dont les pratiques sont délimitées par les contours tracés par l'État fédératif et ses niveaux. En s'organisant et en intervenant comme forces sociales et politiques, les classes, couches ou fractions traduisent et expriment, en termes d'intérêts politiques, les effets classistes de multiples contradictions économiques et sociales[28] tels qu'ils se produisent dans l'ensemble de l'espace canadien mais, aussi, tels qu'ils se présentent plus particulièrement dans chacun des espaces régionaux. En d'autres termes, les effets de classe des multiples contradictions économiques et sociales ne se font pas sentir uniformément dans l'espace canadien, si bien que les types de contradictions qui produisent les effets les plus percutants, l'intensité de ces contradictions, la manière dont elles s'expriment varient selon qu'il s'agit de tel ou tel espace régional ou de l'ensemble de la formation sociale. De son côté, par son organisation propre, l'État fédératif vient révéler, canaliser et accentuer cette réalité[29].

En effet, dans le cadre de l'organisation fondamentale des rapports de pouvoir politique, l'État fédératif fournit des «lieux» différents pour l'expression politique de la lutte des classes. Pour chacun de ces «lieux», l'histoire des contradictions mises à l'avant-scène et l'histoire des forces sociales et politiques en présence conditionnent et modèlent la matérialisation du pouvoir politique de la bourgeoisie au Canada. Sur chaque scène politique, qu'elle soit liée au niveau central ou au niveau provincial, les situations et les conditions diverses qui prévalent désignent les objets, le sens, les limites et la facture générale des luttes politiques. Et cela se comprend car chacune des scènes politiques renvoie à la fois à un espace plus ou moins limité, donc à une spécification de la lutte des classes, et à une expression donnée de lutte, donc à une histoire politique particulière.

Notamment, pour ce qui est de la référence à un espace donné, remarquons schématiquement que, considérant les compétences constitutionnelles respectives, le niveau central de l'État est concerné structurellement et institutionnellement par l'ensemble de la lutte des classes au Canada, par la reproduction élargie du capital, par la position du Canada dans la structure des rapports mondiaux de production, etc. — ce qui, du reste, atténue, relativise et même dilue certaines contradictions qui, à l'échelle régionale, se révèlent avec une forte intensité —, et le niveau provincial, en termes de prépondérance, appréhende cette situation globale à travers les contradictions qui ont le plus d'acuité dans l'espace régional donné.

Thèse IV: Tenant compte des effets politiques du développement de la lutte des classes dans un espace différencié et des «lieux» divers de matérialisation du pouvoir politique qui composent l'État fédératif, les gouvernements, central et provinciaux, incarnent conjoncturellement, avec des particularismes propres, des types d'alliance politique des couches et fractions dominantes.

Les gouvernements, au niveau central comme au niveau provincial de l'État, définissent et incarnent des types d'alliance politique en ce sens qu'ils expriment, avec une relative stabilité, des organisations hiérarchisées — distinctes, historiquement et concrètement déterminées — des intérêts des couches et des fractions dominantes. Ces types d'alliance politique, comme modes spécifiques d'exercice du pouvoir, sont déterminés par plusieurs ordres de facteurs, dont:

— les rapports au sein de la bourgeoisie tels qu'ils s'actualisent dans les différents espaces;

— les rapports que la bourgeoisie entretient avec une ou des classe(s) — appui et l'identification de cette ou ces classe(s);

— l'importance respective des forces politiques et les modalités concrètes du développement de la lutte des classes;

— l'histoire des partis, de leur orientation politique et, plus largement, l'histoire des scènes politiques.

Évidemment ces facteurs connaissent de très grandes variations d'un espace à l'autre et à travers l'histoire de chacun de ces espaces; de plus, ils connaissent une modulation conjoncturelle dans laquelle sont mises en évidence des dimensions proprement politiques et idéologiques.

Les particularismes de chacun des types d'alliance politique incarnés par les gouvernements doivent être analysés concrètement. On ne peut les recouper mécaniquement avec les niveaux de l'État, de telle sorte qu'il est erroné d'établir par avance une correspondance (ou identification) entre un type d'alliance politique, ou une classe ou fraction, et le niveau central ou provincial de l'État. D'autre part, il faut souligner qu'en tant que «lieux» de constitution de types d'alliance politique entre les couches et fractions dominantes, les niveaux de l'État canadien ne fonctionnent pas à l'exclusive pour l'une ou l'autre des couches et fractions dominantes; aucune de ces fractions ou couches n'est évincée, par définition, de l'un ou l'autre niveau de l'État: si

éviction il y a, ce ne peut être qu'à travers un processus politique et idéologique particulier qui n'est pas inscrit dans la
structure de fonctionnement de l'État fédératif canadien.
C'est ainsi que, généralement, les types d'alliance incarnés
par les gouvernements n'opèrent pas de démarcations nettes
et étanches au sein de la bourgeoisie.

Tout en présentant des particularismes plus ou moins
prononcés, les types d'alliance politique incarnés par les
gouvernements au niveau provincial de l'État, dans ses dix
composantes, et au niveau central s'inscrivent globalement
dans le cadre de l'exercice du pouvoir de la bourgeoisie. Ces
types d'alliance constituent, en cascade, la structure effective de l'alliance globale des couches et fractions dominantes pour l'ensemble du Canada. À ce titre, les types d'alliance font partie des luttes d'influences, de lignes, d'hégémonie, etc. entre les composantes de la bourgeoisie. Ni
étrangers ni fondamentalement opposés, au total, ils participent à leur façon à l'unité contradictoire de l'État fédératif
canadien tout en la reproduisant.

*Thèse V: Alors que les relations intergouvernementa-
les au Canada occupent une première place à l'ordre du
jour, il convient de considérer que les différences plus ou
moins accentuées entre les types d'alliance politique, qui
représentent assez fidèlement les contradictions au sein de la
bourgeoisie, sous-tendent l'essentiel, mise à part la question
nationale, des contradictions au sein de l'État canadien.*

Les contradictions au sein de l'État recouvrent plusieurs dimensions qui concourent[30] à la constitution de types
déterminés d'alliance politique au gouvernement. Avant
d'en relever quelques-unes, il faut bien comprendre que
l'enjeu fondamental, qui est sous-jacent aux discussions
fédérales-provinciales, et à plus forte raison aux conflits
constitutionnels[31], c'est la capacité respective (ou au mieux
le façonnement des modalités) d'intervention du niveau
central et du niveau provincial de l'État. Ce qui est en cause
effectivement, c'est la définition des «lieux» où s'opère la
hiérarchisation des intérêts dominants qui se présente, d'un

gouvernement à l'autre, comme autant de types d'alliance politique particuliers. Évidemment cette définition des «lieux» de l'exercice du pouvoir concerne directement les couches et les fractions dominantes car, compte tenu de la position relative de chacune quant à leur efficace politique dans l'organisation fédérative de l'exercice du pouvoir, il en va de leur capacité à s'assurer une influence significative sur les lieux où s'établissent les alliances politiques qui les touchent plus directement. Outre cette question de première importance, il faut aussi considérer des dimensions qui s'y combinent.

Le type précis d'alliance politique incarné par un gouvernement est déterminé par les conditions sociales et politiques concrètes dans lesquelles la lutte des classes est menée. Ces conditions varient selon qu'il s'agit de l'ensemble de la formation sociale ou de l'un ou l'autre espace régional. Pour saisir ces conditions, soulignons certains aspects comme:

— les conditions concrètes particulières d'exercice du pouvoir politique sur les masses populaires;

— le degré d'avancement et le mode d'expression politique du mouvement ouvrier, dont le mouvement syndical;

— la place des rapports non capitalistes, principalement dans l'agriculture, et la pratique politique des classes qui leur sont liées (comme les paysans-agriculteurs);

— la place de la petite bourgeoisie (nouvelle et traditionnelle) dans les rapports politiques et la position de classe respective entretenue par ses fractions.

Ces conditions conduisent, dans le processus politique dominé par la bourgeoisie, à l'élaboration de modes particuliers d'exercice du pouvoir et, plus particulièrement, à l'élaboration de stratégies politiques données. De la sorte, les types d'alliance politique, déterminés par l'état de la lutte des classes dans chacun des espaces concernés, font partie des luttes de tendances au sein de la bourgeoisie.

Par ailleurs, la constitution d'un type d'alliance politique témoigne des efficaces politiques respectives des couches et fractions dominantes sur chacune des scènes politiques. En ce sens, les oppositions et débats entre alliances spécifiques recoupent souvent la différenciation de l'efficace politique des composantes de la classe dominante dans l'État fédératif. Deux questions sont à retenir. D'abord, ces oppositions révèlent, pour une part, les intérêts contraires de fractions d'origines différentes et/ou de secteurs (voire de branches) de production distincts qui sont prédominantes respectivement dans l'une ou l'autre alliance politique. Ensuite, ces oppositions expriment une capacité inégale d'influence et d'action efficace de la bourgeoisie monopoliste et de la bourgeoisie non monopoliste selon les niveaux de l'État. Précisément, tout en reconnaissant que les niveaux de l'État ne fonctionnent pas par exclusive à l'égard des couches et fractions dominantes, on doit souligner que la grande bourgeoisie, comparativement à la moyenne bourgeoisie, est plus en mesure d'atteindre une cohérence et une efficace politique au niveau central de l'État tout autant qu'au niveau provincial; pour sa part, la moyenne bourgeoisie, de par sa situation objective peut atteindre sa plus grande cohésion politique au niveau provincial. Cette intervention tendanciellement plus systématique et consistante de la moyenne bourgeoisie au niveau provincial peut affecter significativement et décisivement le type d'alliance politique incarné par l'un ou l'autre gouvernement provincial.

Aussi, concurremment à la concentration tendancielle des compétences constitutionnelles au niveau central de l'État, l'accentuation des inégalités régionales, le redéploiement du capital vers l'Ouest, les disparités grandissantes au sein des espaces régionaux, la détérioration ou la nécessaire consolidation de la bourgeoisie sur le plan régional militent pour une politique régionale élaborée et mise en oeuvre au niveau provincial de l'État. Les effets politiques de la situation des rapports de classes au sein des espaces régionaux, en termes de luttes populaires et surtout en termes de redéfinition des alliances qui se constituent au niveau provincial, poussent les représentants politiques de ces alliances[32] à considérer comme nécessité la reconnaissance de la capacité d'une large intervention au niveau provincial afin d'agir «directement» sur le développement capitaliste et pour l'atténuation des contradictions classistes dans les espaces régionaux. De là, se manifeste la volonté de maintenir au niveau provincial une place significative dans l'exercice du pouvoir et une capacité réelle d'intervention dans le développement de la lutte des classes.

L'ensemble des éléments qui ont été discutés à propos de la différenciation des espaces régionaux, de la constitution d'alliances de classes spécifiques et, plus largement, de luttes de classes économiques, politiques, sociales et idéologiques, sur la base de la réalité régionale, composent les multiples dimensions de la question régionale au Canada qui trace la tendance endémique à l'éclatement qui ponctue l'évolution de la formation sociale et de l'État canadiens.

Thèse VI: L'oppression nationale au Québec, qui transmute la question régionale en question nationale, accentue les contradictions de l'État fédératif au point de poser l'alternative du fractionnement ou, à tout le moins, d'obliger le renouvellement de compromis quant aux modalités d'exercice du pouvoir.

À l'égard des autres espaces régionaux au Canada, le Québec, pris sous l'angle de l'espace et du niveau de l'État, se distingue. Le Québec c'est l'espace où existe et se consolide la nation québécoise. C'est aussi le lieu de subordination nationale qui se concrétise de façon multidimensionnelle; et sur ce point les effets de l'ensemble des rapports politiques et idéologiques discriminants, qui apparaissent dans toutes les sphères d'activité sociale, composent la base de la question nationale et provoquent une résistance et des ripostes. De plus c'est le lieu, médiatisé par la constitution de l'État fédératif, de l'organisation politique de l'oppression nationale; cela est, car le politique surdétermine non seulement la structuration et la reproduction de la nation[33] mais aussi sa place dans les rapports d'oppression nationale.

L'oppression nationale se développe dans les interstices de la structure des rapports de pouvoir. Aussi, le dépassement de cette oppression nationale désigne directement la question du pouvoir politique, mais aussi des rapports de pouvoir qui s'exercent plus généralement, comme dans le domaine économique. D'autre part, dans la mesure où l'oppression nationale affecte et traverse — de façon variable somme toute — toutes les classes au Québec, le discours nationaliste, profondément marqué par les intérêts de la bourgeoisie et de la petite bourgeoisie, est tout de même capable d'unification revendicative et de mobilisation pluriclassiste (ceci ne met pas en cause le fait que concurremment, l'oppression nationale exerce un effet, pour les classes populaires, d'amplification du décodage de l'exploitation). En fait, l'oppression nationale et l'idéologie nationaliste sont des composantes de l'évolution et du développement de la lutte des classes, non seulement pour ce qui concerne la domination de la bourgeoisie sur les masses populaires, mais aussi pour ce qui touche les luttes internes à la bourgeoisie.

En somme, le niveau provincial québécois de l'État figure comme niveau privilégié de représentation des «intérêts nationaux», intérêts qui sont loin de se résumer aux domaines culturel et linguistique, car ils couvrent notamment les champs politique et économique. Le contrôle et l'orientation de l'accumulation au Québec se présentent comme l'un des enjeux où s'opère la jonction des deux derniers champs. Les représentants politiques provinciaux de la bourgeoisie et de la petite bourgeoisie se sont orientés, historiquement avec un appui populaire, vers le maintien intégral, voire l'élargissement, de l'éventail de ses compétences constitutionnelles au niveau provincial québécois de l'État. De plus, dans un processus qui paraît progressif, la question de l'autodétermination politique se pose comme mode obligé de dépassement de l'oppression nationale.

Il faut bien saisir que la question québécoise est profondément enracinée dans la question régionale, mais que les effets multiples de l'oppression nationale au Québec transmutent la question régionale, qui s'illustre ailleurs au Canada, en question nationale. Cela signifie que la question nationale ne dissout pas les aspects, mentionnés plus haut, qui fondent les contradictions régionales mais, qu'en fait, elle se combine à celles-ci pour en développer une toute autre dimension qui transforme l'ensemble et lui donne une portée qualitativement différente. La question nationale exacerbe les contradictions de l'État fédératif en posant, dans la mouvance des luttes et revendications qui l'alimentent, l'alternative du fractionnement économique et politique du Canada (comme espace et État). De la sorte le Québec, en fondant la crise de l'État, représente le maillon faible de la fédération canadienne. Il n'y a cependant dans ce processus rien de cumulatif et d'inéluctable. En effet, dans la mesure où le mouvement politique et l'idéologie nationalistes ne mènent pas vers une véritable autodétermination politique et, en même temps, occultent la réalité classiste, ils participent à la reproduction de la domination bourgeoise et de l'oppression nationale, tout en imposant — comme autant de compromis significatifs — des formes et des modalités plus ou moins complexes et contradictoires à l'exercice du pouvoir et de l'hégémonie.

$$* \quad * \quad *$$

Ces propositions ne se veulent que les instruments conceptuels pour l'analyse de la réalité sociale, économique et politique du Québec au sein du Canada. Il s'agit du noyau d'un mode d'appréhension des rapports sociaux et de l'État fédératif au Canada et au Québec qui sert, pour un sujet particulier, à poser le problème, à désigner le mode de traitement des données et à baliser l'analyse. Ce cadre analytique ne peut dévoiler sa dynamique et ses ressources que dans des applications concrètes.

À propos de l'analyse de la ligne politique mise de l'avant par le gouvernement du Québec, certaines indications sont à retenir. De la même façon que les autres gouver-

nements au Canada, ce gouvernement incarne conjoncturellement un type d'alliance politique qui exprime, tout en
étant traversé par la question nationale, une organisation
hiérarchisée donnée des intérêts des couches et fractions
dominantes, et qui participe contradictoirement au pouvoir
politique de la bourgeoisie au Canada. Les formes particulières d'exercice du pouvoir politique au Québec trouvent
leurs points d'ancrage dans la configuration spécifique des
rapports entre les classes dans cet espace régional et dans
l'organisation concrète des forces politiques et des modalités politiques et idéologiques de domination. De surcroît, à
la différence des autres gouvernements, les types d'alliance
politique historiquement incarnés au gouvernement du
Québec ont exprimé, d'une manière ou d'une autre et souvent dans des limites politiques étroites, la résistance à l'oppression nationale menant au réajustement des rapports
réels de subordination.

La question régionale comme enjeu politique

Lizette Jalbert

Pendant longtemps, les différentes disciplines des sciences sociales se sont contentées d'interpréter la réalité canadienne selon une grille de lecture calquée sur le discours politique officiel. Engluée dans une idéologie à la fois colonisée et colonisatrice, l'historiographie canadienne, pour sa part, nous a offert à contempler l'image d'un Canada idéal, d'un Canada de la richesse, sans s'arrêter au pillage que lui faisaient subir les puissances étrangères, d'un Canada du compromis raisonnablement consenti, en refusant d'accorder trop d'importance à la profonde déchirure nationale avec les multiples formes d'oppression qu'elle charriait[1]. Alors, un pays de l'harmonie parfaite... point s'en faut. Toujours selon cette tendance optimiste, des auteurs plus proches de nous reconnaissent que si les clivages de classes collent difficilement à la réalité de ce pays, d'autres divisions pourtant semblent s'y accrocher. On s'entend pour dire alors que les divisions régionales sont caractéristiques de la société canadienne[2]. Les contours délimitant ces divisions ainsi que les causes qui les fondent demeurent cependant plutôt flous. Tantôt les régionalismes se formeraient sur la base de la répartition inégale bien que naturelle des ressources physiques, tantôt ils auraient leurs sources dans les traditions culturelles, langue, origine ethnique, religion, par exemple; parfois encore, ils ne seraient que la conséquence obligée de l'immensité géographique du pays. Ainsi, tout en demeurant extrêmement visibles et tangibles, les régionalismes seront considérés à la fois si nombreux et disparates qu'il ne sera que trop facile de les réduire à quelque idiosyncrasie.

Les crises que ces régionalismes enclencheront tout de même, à certaines occasions, on en donnera une version telle qu'elles apparaîtront comme de simples «poussées de fièvre», comme des «moments disfonctionnels» à l'intérieur d'un déroulement historique plutôt normal et d'un système économico-politique relativement harmonieux. Courts-circuits passagers que des ajustements appropriés permettront de rétablir dans leur équilibre premier et quasi naturel[3]. Cela dans la mesure où l'intégration et l'autorégulation du système social seront justement et paradoxalement assurées soit à travers les avantages comparatifs que tire de leur assemblage et de leur complémentarité chacune des parties ou régions du pays, soit en fonction du rôle essentiellement redistributeur de l'État central, soit encore grâce à la richesse et à la diversité culturelle dont le système peut profiter et même s'enorgueillir à la limite.

Cette problématique de la question régionale a atrophié la réalité sociale à plusieurs points de vue. D'abord, en traitant les régionalismes comme ne pouvant être que les sièges de crises passagères, on n'a pas voulu voir que les divisions régionales constituaient des phénomènes inscrits inéluctablement dans la reproduction de la société canadienne et non de banals accidents de parcours. L'inégal développement économique, pour ne prendre que cet élément toutefois fondamental de fissuration du système, s'il n'a pas toujours rencontré les conditions favorables à la remise en cause de ce dernier, agit constamment en son sein en tant qu'élément générique de crise, le travaille en substance dans la mesure où il tend à s'approfondir.

Qui plus est, le fait de concevoir les régionalismes à titre de clivages ayant pour causes des facteurs sectoriels ou unidimensionnels a contribué à minimiser l'ampleur et la

portée des effets de rupture qu'ils pouvaient représenter
pour l'ordre social. Selon cette conception, les critères de
formation de la région se situeront ou bien au niveau économique ou politique ou culturel. Échappe donc à une telle
approche la capacité d'articuler l'ensemble des dimensions
structurelles et conjoncturelles qui composent la région
dans toute sa véritable complexité. Il est difficile dans ce cas
d'accorder à la question régionale sa pleine portée sociologique.

Les limites qui président à l'appréhension du phénomène régional à partir d'une conception segmentée de la réalité sociale amènent également à faire abstraction des conflits de classes qui la traversent. Ceux-ci sont pourtant constamment à l'oeuvre à l'intérieur du procès particulier d'éclatement que représente le régionalisme. Au Canada comme
ailleurs, les intérêts de classe ont joué un rôle à chaque fois
qu'un mouvement régionaliste prenait naissance. Qu'il
s'agisse des fermiers de l'Ouest lors de la montée du mouvement agraire dans les années 1920 ou des petite et moyenne
bourgeoisies modernistes québécoises associées au projet du
Parti québécois au cours des années 1970, les divisions classistes ont marqué de leur empreinte le phénomène régional
sans toutefois l'y réduire.

La problématique régionaliste canadienne n'a pas seulement eu pour résultat de brouiller les liens entre le phénomène régional et celui des classes sociales, elle a aussi longtemps masqué l'articulation de la question régionale et de la
question nationale, réduisant cette dernière à n'être qu'un
cas particulier de la première. En réalité, même si les deux
questions se superposent souvent quant aux effets de discrimination qu'elles provoquent, elles n'en conservent pas
moins leur spécificité. C'est sans doute la négation de cette
dernière qui a amené un courant important de l'historiographie québécoise à se méfier d'une problématique construite
autour du thème du régionalisme. En effet, le Québec conçu
comme région canadienne semblait nier qu'il fût aussi le
foyer de la nation québécoise et qu'à cet égard on ne pouvait

l'englober comme une simple partie équivalente aux autres à l'intérieur de ce tout composite qu'est la société canadienne.

Pour faire contrepoids à cette approche de type fédéraliste, les historiens proches de l'école nationaliste ont proposé une analyse de la réalité sociale tout aussi déformante[4]. Dans la mesure surtout où une telle analyse s'est traditionnellement appuyée sur la surdétermination de la dimension juridico-culturelle, elle a tenté d'imposer l'image de deux totalités isolées, étanches l'une à l'autre, la société canadienne-anglaise et la société québécoise francophone.

D'abord, cette variante de la société dichotomisée, en amplifiant le caractère d'homogénéité d'une culture face à l'autre, refoule les contradictions qui existent au sein de chacune d'elles. C'est justement parce que le fil conducteur de son analyse repose d'abord et avant tout sur l'opposition irréductible d'une société-nation à une autre que l'approche nationaliste parvient à nier en quelque sorte l'existence des conflits sociaux qui agissent à l'intérieur de chaque société. Ce faisant, elle relègue les contradictions sociales loin derrière la contradiction nationale. Elle ne peut également que rester aveugle à l'action de la lutte des classes qui traverse ces sociétés de part en part et conditionne leur articulation l'une à l'autre. Cette perspective hautement simplificatrice a donc pour conséquence de dénaturer partiellement sinon complètement la compréhension de la structure sociale québécoise et canadienne.

La construction théorique qui est mise en place pour légitimer la démarche que sous-tend l'approche nationaliste demeure non seulement fort abstraite mais elle porte aussi la marque d'une certaine idéologie de classe. Cette vision privée d'ampleur qui nourrit l'approche nationaliste québécoise est celle de la petite bourgeoisie. Elle a réduit, quelque fois jusqu'à la caricature du réel, la problématique de ceux qui ont voulu s'en faire les traducteurs. Petite bourgeoisie envahissante écrivait Gilles Bourque pour rendre compte de l'omniprésence de cette classe au sein des analyses de la société québécoise et, en particulier, de celles portant sur le

Parti québécois[5], mais également petite bourgeoisie encom-
brante dont l'influence idéologique considérable a balisé le
champ intellectuel à travers le choix des problématiques et
l'emploi des concepts. Dans sa version la plus raffinée, l'approche nationaliste nous renverra aux notions de double
structure de classes, de classe ethnique ou de nation-classe et
de conception du pouvoir étagé[6].

Ensuite, le fait de définir le Québec comme totalité en
soi empêche à son tour l'identification d'un certain nombre
de problèmes propres au développement·du capitalisme
canadien. Cela revient à mettre toutes les inégalités de développement entre le Québec et le reste du Canada sur le
compte de l'oppression nationale et donc à ignorer la production et la reproduction de ces inégalités ailleurs au
Canada. Cette malheureuse interprétation du «reste du
Canada» a toujours empêché les intellectuels nationalistes
de prendre la mesure, d'une part, de ce qui relevait des processus de discrimination ethnique dont on ne peut contester
la violente réalité et, d'autre part, de ce qui constituait le
fondement des profonds clivages qui s'instituaient peu à peu
non seulement dans les marges de cette société canadienne
— si peu homogène politiquement aussi bien qu'économiquement — mais dans sa structuration même, faisant de ce
pays un damier aux divisions aucunement régulières. On ne
saurait de la sorte trop insister sur la fausse perception d'un
Canada anglais sans fissure.

Finalement, cette dernière approche participe également de l'autosatisfaction de ceux qui voudraient faire de la
situation québécoise un cas type, unique au monde. Un cas
tellement spécifique qu'il serait à la limite incomparable et
que seule une théorie proprement québécoise serait appro-
priée pour en saisir toute l'originalité. Ce faisant, l'approche nationaliste s'interdit même la possibilité d'analyser
correctement la question nationale québécoise.

Étant réduite à ces paramètres élémentaires, l'approche nationaliste aura tendance à pousser à l'extrême le constat d'une désarticulation quasi absolue de la société cana-

dienne. De là à considérer que cette société est aux prises avec une crise perpétuelle qui la déchire, le pas est vite franchi. Ainsi, on s'épargnera l'effort d'une étude plus fine de la conjoncture, des aléas du procès contradictoire d'unification/dislocation de la société, de la dimension politico-économique de structuration du pouvoir par où s'articulent les alliances au sein des classes dominantes, etc. Tout spécialement, l'appréhension d'une société à ce point antagonisée laisse place à une lecture eschatologique du futur de cette société, sans par ailleurs que soit pris en considération le mouvement assimilateur qui nourrit le rapprochement des anciens antagonismes ainsi que le processus de récupération éventuelle des crises qui, par leur effet de purge du système, poussent plus avant la tendance unificatrice.

Propositions pour une définition de l'espace régional

Quel que soit le degré de sophistication que peuvent atteindre les approches qui viennent d'être commentées sommairement, elles mènent par ailleurs à l'impasse au niveau de l'analyse et à une surpolitisation dans le développement des conclusions. En réalité, l'opposition nation ou région en ce qui concerne le Québec est un faux dilemme, tout aussi faux que peut l'être le tableau idyllique dans lequel la réalité canadienne est représentée de manière harmonieuse sous l'angle de régions largement complémentaires et intégrées.

L'espace régional comme produit de l'ensemble des rapports sociaux

La démarche à laquelle ce texte convie le lecteur ne vise aucunement à privilégier une approche en termes de région pour en rejeter une autre qui s'articulerait à partir de la nation, comme si cette dernière avait fait son temps. Il n'y a ici aucune intention de désavouer la pertinence des analyses portant sur la question nationale dans la mesure où elles s'attaquent à un objet essentiel à la compréhension des rapports Québec/Canada. Toutefois, convenons que la problématique régionale se doit d'être remise à l'ordre du jour dans la mesure où elle possède une force explicative réelle. Que l'on songe à tout ce que le contexte politico-idéologique du Québec a pu avoir d'influence sur le questionnement théorique et au refoulement qu'il a suscité dans le domaine de la réflexion sociologique. À cause de cela, la pensée sociale s'est littéralement resserrée autour d'une question unique, lancinante que notre histoire de colonisés a vite fait de transformer en véritable obsession. Cette sorte de confinement intellectuel, bien qu'explicable dans une large mesure, nécessite d'être dépassé. D'autant que l'approche nationaliste de la question nationale a provoqué une telle déformation de son objet qu'il a fallu repenser complètement son élaboration.

Heureusement, depuis quelques années l'analyse de cette question s'est passablement raffinée. Ce n'est pas pour dire qu'elle a fini de nous interroger et que, la boucle étant de nouveau bouclée par les nouveaux développements sur le sujet, l'on doive passer à autre chose, par exemple, à la question régionale. Simplement, plutôt que d'en rester à une lecture ratatinée de la réalité nationale, nous pouvons maintenant poursuivre l'observation sur de nouvelles bases et nourrir, sans l'avaler, la question nationale par des approches plus ouvertes qui ne barrent pas la route à d'autres déchiffrements.

L'analyse de la question régionale renvoie à l'une de ces autres pistes. Mais là aussi, comme ce texte a cherché à le démontrer d'une manière un peu trop lapidaire, le décapage de la notion s'impose; l'idéologie pro-fédéraliste n'ayant pas manqué d'orienter la production intellectuelle se rapportant à l'objet de la région. Bien que le travail de théorisation pour repenser la question régionale soit encore à l'état embryonnaire, il est néanmoins nécessaire d'énoncer les quelques éléments qui peuvent déjà être mis en place.

Dans un premier temps, il faut rappeler que la démarche adoptée s'inscrit contre toute conception cloisonnée de la question régionale. Elle suggère donc de considérer la région comme étant le produit de l'ensemble des rapports sociaux, culturels, économiques et politiques[7]. Cet ensemble de rapports en se combinant de manière originale et en se structurant dans l'espace constitue la région comme espace spécifique de rapports sociaux. Le mode de production de la région doit aussi être conçu comme un processus dynamique du moment qu'il met en action des rapports sociaux qui sont en fait des rapports de classes. C'est la lutte des classes qui alimente finalement la production de la région, cette dernière représentant un combiné de cette lutte à un moment donné. C'est seulement à partir d'une telle optique que la question régionale acquiert son plein sens sociologique et que l'on peut définir la région comme une véritable entité sociétale dont l'existence concerne l'organisation de la société dans sa totalité.

Le régionalisme, en tant que mode particulier d'éclatement, de fissuration, d'atomisation de la structure d'une formation sociale[8] et en tant que mouvement porteur de contradictions générées par ce processus, n'est pas un phénomène relevant strictement de l'économie ou de la géographie, pour reprendre les exemples des deux types d'approche le plus souvent privilégiés. Cependant, il va de soi que les mouvements régionalistes s'incarneront éventuellement davantage, selon le déroulement historique, à un niveau plutôt qu'à un autre du champ social. Ainsi, à telle époque, la revendication culturelle prendra le pas sur la contestation économique; à telle autre, la question régionale sera traduite à travers des pressions et des luttes à caractère politique.

Pourtant, quel que soit l'aspect dominant qu'empruntent généralement les mouvements régionalistes dans leur trajectoire historique et quel que soit également, à un moment donné, le degré de cohérence des différents fronts de lutte les uns par rapport aux autres, il faut retenir quelques principes essentiels pour l'analyse:

a) Ces mouvements, tout en concentrant leurs attaques dans une direction choisie selon les circonstances, demeurent toujours néanmoins issus de l'ensemble des contradictions qui structurent les rapports sociaux. Par exemple, une revendication de type linguistique, qui concerne donc l'univers culturel, sera aussi conditionnée par la place qu'occupent ses protagonistes dans la structure économique et elle aura de plus tendance à interpeller le pouvoir politique pour faire inscrire cette revendication dans la législation gouvernementale.

b) L'intensification de la lutte régionaliste ne se produira pas mécaniquement et abstraitement par accumulation successive des objets ou facteurs de contestation. Une condensation des conflits qui remet en cause la légitimité de l'ordre existant sera toujours l'objet d'une conjoncture particulière qui ne s'évalue pas de manière quantitative mais plutôt qualitative. Ce n'est donc pas l'addition des contradictions dans les rapports sociaux purement et simplement qui engendre une crise de la société à partir de la question régionale mais un assemblage original de celles-là, approprié à la conjoncture. Il n'y a d'ailleurs pas de chaîne de causalité de ces contradictions donnée une fois pour toute.

c) Que ces mouvements régionalistes se soient hissés ou non de manière formelle au niveau politique au fil de leurs recompositions périodiques, ils n'en persistent pas moins à exercer une action constante sur l'État. Cette action ébranle, il va sans dire, l'unité nationale et met en cause le centralisme du pouvoir y compris lorsqu'elle est indirecte et semble absente du champ politique. En ce sens, les mouvements régionalistes projettent leur ombre sur le principe d'unanimité des valeurs et des orientations qui doit guider les citoyens dans leur sentiment d'appartenance. Le rapport complexe de l'État à la société locale est donc inscrit dans l'émergence de tout mouvement régionaliste. En conséquence, le régionalisme demeure un défi à la politique instituée.

La région étant le produit de la spatialisation de l'ensemble des rapports sociaux, c'est la façon particulière dont s'organise ceux-ci dans un espace donné qui crée les conditions de production de la région comme entité sociétale spécifique. Mais, il ne suffit pas cependant d'identifier la région sous l'angle d'une délimitation spatiale pure et simple, il faut aussi la concevoir comme un produit de l'histoire, ce qui implique la non fixité de ses frontières et la non-pérennité de son identité. Les déplacements d'identité que traduisent les expressions Canadiens français et Québécois sont un exemple qui confirme l'importance d'emprunter une perspective dynamique dans l'analyse de ce type de problème. Car ce qui se reflète à travers cette évolution du sentiment d'appartenance, ce sont les changements que subissent les rapports sociaux dans le temps et les bouleversements auxquels sont soumis autant les structures sociales que les mouvements sociaux. La présente approche contredit donc autant la conception naturaliste du fait régional que celle qui tend à la réduire à sa dimension culturelle.

L'espace régional comme produit de l'articulation/résistance

Le processus de la production de la région fait aussi nécessairement référence aux contraintes qu'impose son articulation à l'ensemble plus vaste auquel elle est rattachée. La région existe donc par son imbrication dans le tout que constitue une formation sociale donnée. C'est dans ce rapport d'articulation que la région est produite, c'est à travers ce rattachement qu'elle définit sa spécificité. Cette spécificité, imposée ou revendiquée, reste le critère principal de l'identification de la région dans le rapport qu'elle entretient à l'ensemble. Partie d'un tout plus complexe, l'espace régional définira donc son articulation à l'ensemble selon le mode d'opposition assimilation/diversification.

Plus concrètement, l'analyse du procès de production et de transformation du Québec comme région et de tout autre entité régionale au Canada passe par le repérage de la formation sociale canadienne en tant qu'ensemble structuré et structurant. Ensemble structuré historiquement par des rapports sociaux capitalistes qui se constituent et se développent selon une tendance à l'unification, à l'homogénéisation, à l'assimilation, et ensemble structurant ses différentes régions sur le mode du développement inégal, de la différenciation[9], de la domination et de la dépendance. C'est sur ces fondements que pourront s'éclairer le procès contradictoire de développement de la formation sociale canadienne et le caractère des luttes sociales qui vont s'engager au cours de ce procès. À l'articulation et à l'homogénéisation vont correspondre la résistance et la revendication de la différence. Il ne s'agit pas ici bien sûr, de la différence synonyme d'inégalité telle qu'elle est engendrée par la logique du système capitaliste, mais de la différence construite sur la base du respect de l'autonomie des pouvoirs locaux et sur le contrôle pleinement assumé des collectivités locales sur les instruments de leur propre développement autant économiques que culturels et politiques. On préférera donc parler de diversification plutôt que de différenciation pour rendre compte de ce qui correspond à la revendication, à la différence des fronts populaires régionaux. La conclusion qu'il y a lieu de tirer de ce qui précède est que l'émergence des mouvements régionalistes s'inscrit justement dans ce jeu contradictoire d'articulation et de résistance.

Le Canada, comme plusieurs autres formations sociales de type capitaliste, s'est lui-même constitué à partir de l'unification et de l'articulation d'ensembles sociaux préexistants, plus ou moins disparates. Son édification peut donc être considérée comme un effet du développement des rapports sociaux capitalistes, en même temps que la condition essentielle de leur expansion. Pour réaliser cette unité et tenter de se constituer sur une base nationale, la mise en place d'un État central lui était indispensable. Toutefois, cet État allait adopter la forme spécifique fédérative à cause des circonstances historiques auxquelles les classes dominantes avaient dû faire face. De même, sur le plan idéologique, ces mêmes classes ont essayé d'imposer leur vision du monde, mais elles eurent à s'accomoder des différences culturelles de toutes sortes qui existaient déjà au sein des populations qu'elles voulaient rassembler. En brisant l'isolement des colonies britanniques d'Amérique du Nord, les différentes fractions bourgeoises se sont donc données les moyens de leur propre unification, principalement un espace économique élargi et relativement unifié, un État central comme pôle politique de structuration de cet ensemble et une politique plus ou moins déguisée d'assimilation culturelle. Désormais, le Canada existait comme formation sociale articulant des régions et des populations différentes à l'ensemble qu'elle formait.

De plus, en tant que formation sociale capitaliste, le Canada se reproduira en transformant constamment sa structure sociale. En particulier, il tendra à assimiler les modes et formes de production non capitalistes ainsi que les rapports sociaux qui leur correspondent. Évidemment, un tel processus est partout très lent et peut s'étendre sur plusieurs décennies suivant les obstacles que rencontre la bourgeoisie à l'intérieur comme à l'extérieur. Mais en révolutionnant sans cesse l'ensemble des rapports sociaux, le capitalisme engendre inévitablement des déséquilibres au sein de la formation sociale. Ces déséquilibres se traduisent par un développement inégal des régions et des groupes d'une part, et par des décentrations au niveau des structures et des pratiques, d'autre part.

Il s'agit donc bien d'un procès et non d'un développement rectiligne, les tendances et contre-tendances qui apparaissent se déployant selon des conditions historiques concrètes. S'il existe des forces qui agissent dans le sens de l'unification, il y en a d'autres qui poussent vers l'éclatement. Ainsi, au sein d'une formation sociale capitaliste s'instaurent toujours des rapports de domination et de dépendance entre les régions, puisque ce que l'on entend par développement du capitalisme est toujours un développement inégal.

On trouvera des zones plus développées, là où les rapports capitalistes dominent plus complètement, et d'autres zones moins développées, lesquelles entretiennent avec les premières des rapports de soumission.

Si on revient à la situation canadienne, on peut constater que ces mécanismes ont joué puissamment et qu'ils ont contribué à renforcer des différences qui existaient par ailleurs et à en créer de nouvelles. Les conflits qui ont alors surgi à partir de ces écarts de développement se sont affirmés dans des luttes de résistance dont le caractère n'a pas manqué d'être complexe tout au long de l'histoire canadienne depuis la Confédération. À plusieurs reprises, le projet bourgeois d'unification a failli être mis concrètement en échec. L'opposition est venue tour à tour des divers coins du pays, mais l'Ouest du Canada et le Québec, sans doute à cause de leurs longues traditions de lutte et de leur plus grande cohérence sur le plan socio-politique, ont été les lieux par excellence d'une résistance organisée.

L'espace régional comme enjeu politique

La question régionale se répercute enfin dans le champ politique proprement dit. Dans la mesure où elle met à nu les rapports de dépendance, de domination et d'inégalité qui sont le lot des sociétés complexes et divisées dans lesquelles nous vivons, cette question possède un potentiel de rupture de l'ordre social et politique qui est considérable. Depuis très longtemps, les mouvements régionalistes de résistance ont contesté les centralismes de tout horizon. La concentration du pouvoir tant économique que politique a donc rapidement été ressentie comme une violation de droits considérés comme fondamentaux et a, à cet égard, fait l'objet d'une critique sourde ou violente. Quels que soient les régimes où elle est apparue, une telle résistance, en mettant en cause le rapport de la société locale à l'État, questionne fondamentalement la manière dont ces régimes ont respecté le droit à la différence, bref ont pratiqué la démocratie. Qui dit démocratie dit également croyance dans la capacité de l'État d'assurer l'égalité entre les citoyens et le partage entre les régions. À partir du moment où l'État donne à penser qu'il ne peut satisfaire aux idéaux sur lesquels s'établissait le consensus social, la réprobation populaire et régionale se fait jour. Alors le lien qu'il cherchait à établir entre lui, les citoyens et les régions se distend et devient abstrait. La question régionale peut donc faire naître une crise de légitimité de l'État-nation lorsque l'identité régionale ne correspond plus à celle de l'État-nation, ou lorsque l'identité régionale ne correspond plus à celle de l'État, c'est-à-dire, lorsque le rapport est rompu au niveau de l'allégeance à un système commun de référence[10].

Sous nos régimes, les premiers mouvements de contestation qui ont pris l'initiative de ces luttes régionalistes ont généralement été initiés par des populations et par des classes se situant relativement en marge du développement du capitalisme dominant ainsi que des institutions et des formes politiques bourgeoises largement centralisatrices. Est-ce à dire que la subversion introduite par ces mouvements contenait une saveur anticapitaliste? Certainement pas de manière inévitable. Plus souvent, ces premiers mouvements ont représenté le rempart de classes menacées par l'évolution monopoliste du capitalisme, évolution ayant pour conséquence de les soumettre à la tendance implacable de la dissolution de leurs anciens modes de vie et de production. Conscientes que l'orientation du changement leur échappait et menaçait leur statut social, la petite bourgeoisie traditionnelle, et la paysannerie spécialement, certaines fractions non monopolistes de la bourgeoisie également, ont pu constituer le noyau d'alliances de classes porteuses de la préoccupation régionale.

Dans les sociétés capitalistes, pour ne parler que de celles-là, la revendication régionaliste a pris un autre tournant depuis quelques années. La montée de ces nouveaux mouvements a correspondu au dévoilement des symptômes de crise qui faisaient déjà leur apparition dans le courant des années 1960. L'État-providence commençait alors à donner des signes d'essoufflement et ne parvenait plus à colmater, à l'aide des budgets d'assistance, les trous causés par le développement anarchique du capitalisme de l'après-guerre. Parce que la seule réponse que pouvait imaginer l'État capitaliste libéral devant la crise résidait dans l'imposition d'une plus grande centralisation encore, on a donc assisté à une recomposition des alliances de classes autour de la question régionale.

Autant qu'avant les mouvements régionalistes sont demeurés socialement composites, mais au lieu d'être les véhicules privilégiés de classes, de couches ou de fractions de classes orientées vers les valeurs idéalisées du passé, ils tendent davantage à recruter du côté des anciens comme des nouveaux groupes sociaux, que le changement comme tel n'effraie pas. Il est évident toutefois que la nature de ce changement est en cause et qu'un certain type de développement capitaliste, sinon le capitalisme lui-même, suscite la réprobation.

Il va sans dire que l'évolution que nous avons dessinée à grands traits du mouvement régional sous le capitalisme en voie de consolidation ne retient que les tendances principales. Aujourd'hui comme par le passé, la question régionale engendre des réactions diverses et n'est pas le lot exclusif de la droite ou de la gauche.

Ce que dévoile pourtant dans tous les cas cette question, c'est que l'espace régional a toujours constitué un enjeu de la politique, des rapports de force, des alliances de classes. Elle révèle que, du point de vue économique, le sous-développement régional et, du point de vue politique, l'inféodation du pouvoir, ont concouru au surgissement d'attitudes et de pratiques non conformistes. Même si les mouvements régionalistes ne se sont pas confinés à des assemblages stables de classes, ils ont toujours rassemblé des éléments radicalisés, les plus sensibles, selon les phases de développement, au déroulement de la vie politique. Mouvements souvent difformes, essentiellement pluriclassistes,

mais néanmoins hégémonisés par une classe ou une fraction
de classe dans la plupart des cas, les mouvements régionalistes ont soulevé des passions qu'on aurait tort de sous-
estimer quant à l'avenir de nos sociétés. Ce n'est pas parce
qu'ils furent généralement ambigus que de tels mouvements
ne doivent pas nous interroger en profondeur sur les projets
politiques que nous souhaitons mettre en oeuvre.

Analyse concrète

Sans vouloir illustrer de manière systématique l'ensemble des thèses qui viennent d'être avancées, il y a lieu
d'exposer un certain nombre de cas tirés de l'histoire politique canadienne dans le but de donner corps au thème retenu
pour cette contribution. Ces exemples seront repris d'une
recherche que j'ai menée sur les tiers partis au Canada et au
Québec de 1920 à aujourd'hui[11]. L'objectif principal de ce
travail consistait en une première ébauche de mise en rapport entre un phénomène politique spécifique, le phénomène des tiers partis, (descriptivement tous les partis se
situant en dehors de la bipolarisation des deux grands partis
traditionnels) et une analyse de conjonctures particulières,
celles de l'émergence et de l'évolution des tiers partis, tout
cela replacé dans le cadre des transformations structurelles
de la formation sociale canadienne. Le phénomène du régionalisme constituait le point d'ancrage de cette analyse.

De ce travail de recherche s'est dégagée l'idée qu'en
tant que mode particulier de division d'une société, le régionalisme mettait en cause l'ensemble des rapports sociaux et
n'était réductible à aucune détermination univoque. Ainsi,
cette étude a permis de déterminer que les causes qui prési-
daient à la régionalisation de la société canadienne étaient
autant dues à la structure balkanisée de son économie,
qu'au mode d'unification/dislocation de son appareil
d'État au sens large, qu'à la diversification de ses dispositifs
culturels ou idéologiques. Cela a amené à conclure que cette

complexité sociétale issue du régionalisme avait façonné la réalité canadienne au point de l'inscrire comme dimension explicative et compréhensive de tout un ensemble de phénomènes sociaux; l'analyse des tiers partis s'est donc naturellement ordonnée autour d'elle.

Le phénomène des tiers partis s'étant révélé lié aux tensions régionalistes qui traversaient la société canadienne, il suffisait de pousser plus loin l'analyse pour voir que ces dernières conditionnaient d'une certaine manière les contradictions sociales entre les classes, qu'elles spatialisaient en fin de compte les conflits de classes.

Sur cette base, deux hypothèses ont été vérifiées. On peut les résumer comme suit.

a) La fonction historique des tiers partis serait intimement liée à la fracturation de la formation sociale canadienne sur le plan régional. Les tiers partis seraient donc de manière générale l'expression du régionalisme sur le plan politique. Ce rapport d'expression serait quelquefois si intense qu'il parviendrait à masquer les contradictions sociales à l'oeuvre au sein des régions et ainsi à ravaler la question du régionalisme dans une sorte de zone neutre où semble s'évanouir la lutte des classes.

b) La nature des tiers partis et leur pratique les constitueraient tendanciellement comme une des expressions privilégiées, plus ou moins déformée selon le cas, des classes subordonnées sur la scène politique. Ce rapport tiendrait aux liens politico-idéologiques de représentation qui se tisseraient entre les tiers partis et les classes subordonnées. De tels liens pourront être plus ou moins étroits et comprendre à la fois la présence active de ces classes dans l'organisation partisane, quel que soit l'échelon où elle se manifeste, et leur présence passive au sein de la clientèle des tiers partis, pourvu que celle-ci ait été relativement massive et significative.

Il a également été frappant de constater qu'historiquement, les États provinciaux ont été les cibles immédiates du harcèlement des classes subordonnées. Alors qu'au niveau national la solidarité a toujours été compromise, au plan local, la révolte semblait s'organiser sur des bases beaucoup plus intenses et durables. En ce sens, comment ne pas remarquer que les États provinciaux ont joué le rôle de caisses de résonance des conflits sociaux et servi d'amortisseur de choc bien avant que l'État et le pouvoir central n'aient été atteints. La classe ou fraction hégémonique, celle qui assure la direction politique au sein du bloc des classes dominantes, se serait en quelque sorte trouvée partiellement protégée en son lieu privilégié d'organisation et de représentation par ces têtes de tranchée qu'ont été les États provinciaux.

Ce qui précède laisse entendre que le rapport à l'État qu'entretiennent les classes subordonnées passe avant tout par les États provinciaux. C'est à travers eux que sont généralement répercutées les pressions des classes subordonnées qui atteignent par ce canal l'État central. En d'autres termes de telles pressions débouchent rarement directement au centre avant d'être d'abord filtrées par l'ensemble des structures étatiques provinciales. Ce mode de fonctionnement résulte de la spécificité institutionnelle de l'État fédératif canadien, spécificité qualifiée ailleurs de «situation de double État»[12]. Cette forme particulière d'organisation interne de l'État canadien ne nie aucunement que ce dernier tende en dernière instance vers l'unicité. Néanmoins, elle détient la caractéristique de constituer le niveau provincial de l'État en espace d'intervention et de représentation plus perméable aux classes subordonnées que ne l'est le niveau central. De ce fait, l'État fédératif, en tant que dispositif hiérarchisé en niveaux, posséderait une souplesse qui profiterait surtout à la classe ou fraction hégémonique. Bien que sa présence, directe ou par relais, demeure essentielle à tous les niveaux de l'État, la classe ou fraction hégémonique trouve un intérêt incontestable dans cette possibilité de pouvoir se retrancher derrière les structures plus opaques de l'État central. Ces dernières agissent en sorte d'occulter les aspects les plus visibles du pouvoir de la classe dominante sur les classes dominées.

Il semble donc que sur le plan local ou régional, l'unité des classes subordonnées ait eu davantage de chance de se concrétiser au niveau de l'expression politique. En effet, le régionalisme a paru favoriser le développement de l'action politique à partir des régions et sur la base de problèmes locaux. L'analyse des tiers partis invitait alors à considérer que la question régionale s'était développée dans le contexte du régime fédéral canadien sous des formes politiques spécifiques. Une de ces formes a consisté en l'éclosion de ce qu'on pourrait nommer le provincialisme, c'est-à-dire, le façonnement d'expressions et de pratiques politiques articulées aux États provinciaux et aux scènes électorales locales. Ce provincialisme peut donc être analysé comme la version politique du phénomène plus global du régionalisme au Canada.

Les tiers partis comme expression politique du provincialisme au Canada

L'exemple du Crédit social en Alberta

Un des premiers exemples qui témoigne du provincialisme en régime fédéral canadien, c'est le Crédit social albertain. Né dans le contexte des années 1930, comme la Commonwealth Cooperative Federation (CCF) et l'Union nationale (UN), le parti du Crédit social prenait le pouvoir en Alberta, en 1935, à la suite d'une victoire spectaculaire (54.2% des suffrages et 56 des 63 sièges à l'Assemblée de l'Alberta)[13]. En trois ans, ce parti était passé du néant au premier rang de la scène politique.

Cette poussée extrêmement rapide des créditistes albertains n'est pas aussi surprenante qu'on pourrait le croire à première vue. En 1935, les Albertains possèdent déjà une assez longue tradition d'opposition à la ligne des partis traditionnels. Au plan fédéral, ils n'hésitent pas à appuyer de manière retentissante le Parti progressiste agrarien dès son apparition en 1921 et ils sont de ceux qui le soutiendront le plus ardemment jusqu'en 1930. Au plan provincial, le Parti des fermiers-unis (UFA), le pendant des progressistes fédéraux, assure le pouvoir dans cette province depuis 1921. La victoire créditiste se situe donc dans une tradition bien établie de contestation du système politique dominant au Canada. Pour les Albertains, en effet, ce système s'apparente à une véritable machine d'oppression qui s'appuie sur le pouvoir fédéral et les partis traditionnels, lesquels demeurent incontestablement liés aux grands intérêts économiques du Centre-Est du pays. Plus vivace que n'importe où ailleurs au Canada, le tiers partisme ne cèdera donc pas facilement le pouvoir aux partis traditionnels. En effet, la dominance de cette forme partisane s'avéra si considérable qu'en trois quarts de siècle d'existence, la province de l'Alberta sera dirigée pendant vingt et un ans seulement par un parti traditionnel.

On peut aussi ajouter que l'héritage culturel qui nourrit le provincialisme albertain a préparé depuis longtemps les citoyens de cette province a être tout spécialement réceptifs aux idées que développeront à leur tour les créditistes. Le réformisme monétaire du Major Douglas, par exemple, n'est pas une excentricité du discours politique en Alberta. Henry Spencer et William Irvine, deux des principaux porte-parole de la UFA, ont déjà importé cette idée vers 1920 dans le but de conforter leur propre critique des rapports de domination Est-Ouest.

Le continuité idéologique s'avère également manifeste entre la tradition populiste américaine non partisane de mouvements tels le Townsend Old Age Movement, le Share-Our-Wealth Movement et le National Union for Social Justice et les idéaux véhiculés par le mouvement créditiste. Deux éléments de doctrine rapprochent ces différents courants inspirés du populisme: ce sont le dividende social et la conception de la démocratie, ce que Macpherson a appelé «a form of plebiscitarian democracy»[14].

Un autre élément de parallélisme entre les thèses avancées par les créditistes et celles des figures traditionnelles de la UFA consiste dans leur commune vision étriquée de l'ordre social. En bref, pour tous ces propagandistes, il existerait une harmonie préétablie entre les individus et les groupes sociaux que seule une minorité de comploteurs cyniques viendrait détruire. C'est donc à cette clique, constituée en particulier de financiers trop voraces, que sera réservée l'étiquette d'ennemi principal. Ainsi, entre le socialisme agraire d'un Henry Wise Wood et le réformisme urbain petit-bourgeois d'un Douglas, il y a constance, non pas dans la condamnation du système capitaliste comme tel, mais de ses excès[15].

Il faut enfin signaler toute la dimension moraliste, fondamentaliste même, qui teinte le créditisme albertain à travers son principal leader de l'époque, le pasteur Aberhart, et sa parenté avec ce qui représenta, au niveau des consciences politiques, la clef de l'assentiment des Albertains à une démarche politique qu'on peut considérer comme assez inorthodoxe.

De manière générale, on peut donc dire que le passé de résistance des Albertains aura constitué un atout précieux pour les créditistes. Aux nombreux antécédents culturels qui viennent d'être mentionnés pour rendre compte de leur victoire subite, ajoutons l'atmosphère de crise qui sévissait. En ce milieu des années 1930, la population massivement rurale de l'Alberta (68%) connaît des difficultés pires qu'ailleurs au Canada. Le pouvoir d'achat des Albertains, des agriculteurs en particulier qui constituent 51% de la main d'oeuvre active, a fondu de moitié. La solution créditiste paraît attirante, la promesse d'un dividende de $25 par mois plaît parce qu'elle est tangible.

Pour ces agriculteurs qui assistent impuissants à la fermeture des marchés et à la baisse catastrophique des prix de leurs produits, pour cette petite bourgeoisie urbaine et ces travailleurs non syndiqués en particulier, aux prises avec un chômage massif, pour toutes ces classes et couches sociales auxquelles le capitalisme ne permet plus de survivre, le Crédit social va représenter un espoir. L'espoir que les banquiers et les monopoleurs responsables de l'inflation soient mis au pas. L'espoir aussi que la politique protectionniste d'Ottawa qui favorise les industries du centre-est du pays puisse être combattue.

Avec l'émergence du tout nouveau parti du Crédit social, on espère donc dans le changement tout en ne reniant pas les traditions politiques de la province. L'image qu'entretiennent les créditistes sera d'ailleurs celle de l'alternative et de la complémentarité au pouvoir en perte de vitesse du gouvernement UFA. Il y a, à cet égard, l'idée de jeter un pont entre le passé et l'avenir.

C'est aussi un véritable mouvement de masse que le charisme et l'habilité stratégique d'Aberhart initie. Mouvement populaire certes, en ce sens que le leader réussira à s'appuyer sur le peuple, coupant celui-là de l'élite rurale qui s'était malgré tout construite à l'abri des organisations et du mouvement agraires. Le personnel politique du parti, par exemple, sera minutieusement choisi en dehors du bassin des notables et des professionnels de la politique[16].

Idéologiquement donc, de même que du point de vue de sa composition, le mouvement du Crédit social inquiète la classe dominante. On juge particulièrement intolérable la série de mesures concernant les banques adoptées en 1937 par le gouvernement créditiste. Les cours de justice les déclarent ultra vires quand elles ne sont pas tout simplement dissoutes par le gouvernement fédéral. En 1938, à la suite d'une tentative du gouvernement provincial pour tâcher de ramener les mêmes mesures, le lieutenant-gouverneur n'hésitera pas à utiliser son droit de réserve, un droit tombé depuis longtemps en désuétude. Le droit des provinces à disposer d'elles-mêmes se trouvera par le fait même nié de manière éclatante par le pouvoir central et ses différents organes[17].

On ne peut pas passer sous silence l'opposition que s'efforcent d'organiser les milieux d'affaires d'Edmonton et de Calgary à travers le Parti indépendant. Cet effort, bien qu'il n'aboutisse pas à renverser le courant majoritaire, menace tout de même assez sérieusement le nouveau pouvoir créditiste à l'élection de 1940.

Après la guerre et les années de prospérité qui survirent apportant le début de l'exploitation du pétrole en Alberta, le mouvement populaire qu'avait représenté le Crédit social connait une institutionalisation rapide. Le Parti du Crédit social devient un parti semblable aux autres et son nouveau leader Manning s'empresse de soutenir une politique conservatrice très favorable à l'entreprise privée. Manning proclame qu'il faut rendre le capitalisme viable et combattre la menace socialiste évoquée par la CCF[18]. Le Parti indépendant disparaît on s'en doute bien, le Crédit social étant devenu le parti de la bourgeoisie.

On doit donc conclure que le gouvernement albertain comme celui de la Colombie-Britannique après 1952 constituèrent, sous une forme plus ou moins travestie, des administrations vouées aux intérêts économiques dominants. Récupéré, le mouvement en Alberta continua comme son homologue à faire de l'autonomie provinciale le symbole de son action politique. Socialement, cependant, ses protestations prenaient plus ou moins un caractère de façade.

Sous plusieurs aspects on ne manquera pas d'être frappé par le nombre considérable de traits communs qui existent entre le phénomène créditiste albertain, de même que celui de la Colombie-Britannique à un moindre degré, et le phénomène de l'Union nationale au Québec. Ils ont tous été l'expression d'une manifestation régionaliste typique, amplifiée au Québec par la question nationale, reflétant les signes de ce provincialisme dont le caractère a été reconnu comme significatif pour le fonctionnement de la politique en régime fédéral.

L'exemple du Parti québécois

Bien qu'issus de contextes différents, les exemples signalés plus haut s'apparentent sur un certain nombre de points essentiels. Il faut toutefois faire remarquer qu'en tant

qu'expression du provincialisme canadien, les partis créditistes de l'Alberta et de la Colombie-Britannique, de même
que celui de l'Union nationale au Québec, appartiennent à
une époque révolue. Tous trois ont constitué des solutions
régionales de sortie de crise à un moment où les rapports
sociaux capitalistes n'étant pas encore consolidés, des
alliances de classes se sont formées dans lesquelles la paysannerie et la petite bourgeoisie traditionnelle ont pu avoir une
action politique déterminante.

Aujourd'hui, la question régionale met en branle d'autres classes, elle appelle une recomposition des alliances.
Toutefois, l'aboutissement des revendications qui seront
formulées n'est pas plus assuré que par le passé, les rapports
de la direction du mouvement avec sa base pas moins ambigus dans la plupart des cas. Par contre, la concentration des
pouvoirs économiques, la centralisation des décisions politiques, l'homogénéisation des cultures faisant toujours surgir
des réactions de résistance, l'exemple du Parti québécois
servira à illustrer ce fait.

Nous sommes en octobre 1967. Le Congrès du Parti
libéral du Québec (PLQ) vient de s'achever confirmant la
rupture définitive avec son aile nationaliste radicale. Un
mois plus tard le groupe de dissidents libéraux fondent le
Mouvement souveraineté-association (MSA) d'où sortira à
peine un an plus tard le Parti québécois (PQ), une nouvelle
formation politique dirigée par René Lévesque.

C'est de la mise en veilleuse de la politique de réformes
lancées sous la Révolution tranquille d'une part, et de la
contestation de la ligne politique opportuniste et pro-
fédéraliste dorénavant dominante au sein du PLQ, d'autre
part, qu'est venue la rupture allant permettre l'émergence
du mouvement péquiste.

Le PQ affirmera sa spécificité par rapport au PLQ sur
la base d'un programme réclamant la souveraineté du Québec assortie d'une association avec le reste du Canada. Se
détachant de la sorte de la stratégie du PLQ, le PQ choisira
donc la voie d'un possible affrontement avec la bourgeoisie

canadienne. La suite de son programme sera axée sur la relance de l'économie par le moyen d'une vigoureuse extension du secteur public de même que sur la revalorisation du rôle du secteur coopératif, deux secteurs contrôlés par les francophones. L'idée directrice du PQ reprend donc ce qui était déjà contenu dans le projet de la Révolution tranquille: 1) rechercher avec obstination à imposer un nouveau partage du gâteau au profit du capital francophone, au risque cette fois de s'aliéner la fraction anglo-canadienne de la bourgeoisie, tout en n'écartant pas une liaison dangereuse avec l'impérialisme yankee; 2) exiger un nouvel arrangement politique et constitutionnel qui restitue à la province un contrôle maximum sur les décisions à prendre et sur les instruments qui les rendent applicables, quitte à partager certains pouvoirs avec le gouvernement canadien dans les domaines où cela semble s'imposer: la monnaie ou les relations extérieures, par exemple.

Avec ce programme, le PQ s'inscrit à l'intérieur d'une longue tradition québécoise d'opposition à la centralisation fédérale et à la concentration des pouvoirs économiques aux mains des «étrangers». En effet, de l'Action libérale nationale, en passant par le régime de l'Union nationale, jusqu'à l'époque de la Révolution tranquille, c'est toujours le même enjeu qui sert de toile de fond à l'action politique, un autonomisme plus ou moins radical mais toujours présent, d'une certaine manière incontournable. Face au PLQ de la Révolution tranquille dont il est largement issu par son leadership, le PQ fait figure d'une sorte d'excroissance nationaliste.

Grâce aux traditions dont il peut se réclamer, le PQ, dès son apparition sur la scène politique, va devenir le centre de gravité de la plupart des éléments nationalistes du Québec. Son pouvoir d'attraction est si grand qu'il lui vaudra le rattachement de deux petits partis: le Rassemblement pour l'indépendance nationale (RIN) et le Ralliement national (RN). En rassemblant sous sa bannière le RIN et le RN, le PQ démontrera qu'il constitue une véritable force fédéra-

tive de toute une tendance. Ce rôle, il continuera de l'affirmer par la suite en allant chercher des appuis électoraux du
côté des supporteurs créditistes, unionistes et même libéraux.

Le glissement des clientèles de tout horizon politique
vers le PQ, de 1970 à sa victoire de 1976, démontre que ce
parti a réussi à toucher la sensibilité d'une large partie de la
population à travers le projet de société qu'il n'a cessé de
mettre de l'avant. En effet, la popularité du PQ qui se situait
à 23,1 % des voix exprimées, en 1970, est passée à 30,2 %, en
1973, pour atteindre 41,4 % en 1976. À la dernière élection
de 1981, ce parti obtenait jusqu'à 49,3 % du vote
populaire[19]. Il est indéniable que depuis plus d'une dizaine
d'années déjà le PQ a représenté l'outil politique privilégié
qui a su traduire et prolonger certaines luttes depuis longtemps engagées et ainsi canaliser une bonne part des revendications populaires. Plusieurs milieux sociaux ont donc été
sensibles à l'appel du PQ.

Bien entendu les nouvelles classes moyennes se sont
vite retrouvées dans le projet que véhiculait le PQ. D'une
part, à cause de la solution constitutionnelle qu'il mettait de
l'avant et qu'il s'efforçait lui-même avec la plus grande
énergie de faire passer pour la solution de la troisième voie,
la voie du réalisme. Autour de ce «nous collectif» sans distinction d'intérêts de classes, la nouvelle petite bourgeoisie
s'est donc ralliée massivement. D'autre part, l'image social-
démocrate qui a commencé de se forger autour du programme du PQ ne devait pas manquer à son tour de séduire
ces mêmes classes. La juste répartition des richesses, la
réduction des inégalités, la lutte contre la pauvreté sont des
idéaux auxquels les classes moyennes demeurent généralement sensibles tant que des moyens trop radicaux ne sont
pas suggérés pour y faire face.

Incontestablement, l'étiquette social-démocrate n'a
pas été dénuée non plus d'efficacité pour obtenir la sympathie de larges couches des classes populaires. En permettant
l'identification à gauche du PQ, ce discours social-

démocrate lui a valu un certain rapprochement avec l'électorat «progressiste». À cet égard, on ne peut que reconnaître l'habileté avec laquelle ce parti a su étendre son hégémonie jusqu'à obtenir un appui important de la plus grande centrale ouvrière du Québec, la FTQ. Il faut également constater que si la critique des autres centrales s'est révélée de plus en plus mordante sur la question sociale à mesure que le gouvernement péquiste s'établissait au pouvoir et s'enlisait dans la gestion de la crise, la critique de la position du PQ vis-à-vis la question nationale s'est faite longuement attendre. Attitude timorée des directions syndicales, plusieurs le diront, mais peut-être aussi crainte d'être contestées à la base où existait sur cette question un consensus assez favorable au PQ. Bien sûr, on peut penser que devant l'absence quasi totale de solution de rechange, les organisations de travailleurs autant que les travailleurs individuels restaient piégés. Quoi qu'il en soit, c'est le PQ qui a récupéré à son avantage le sentiment de résistance ressenti par de larges pans des classes populaires et du mouvement syndical.

Si le discours aux accents social-démocrate et nationaliste du PQ a porté fruit auprès de l'électorat populaire et de la nouvelle petite bourgeoisie, la moyenne bourgeoisie francophone de son côté est demeurée jusqu'à ce jour beaucoup plus imperméable à la propagande du parti et à l'action de son gouvernement. Pourtant, il est dorénavant démontrable, quoi qu'en disent certains, que le PQ, tant par son contre-discours technocratico-libéral et par sa gestion gouvernementale à mi-chemin entre la droite et la gauche que par son objectif de «partnership» mieux équilibré, n'a cessé de tendre la perche à cette moyenne bourgeoisie en en faisant le pivot de son projet de société.

Il s'agit certes d'un projet qui, tout en donnant préséance aux intérêts de la bourgeoisie francophone, cherche avant tout à cimenter une nouvelle alliance entre plusieurs classes aux assises nationales et régionales plus étroitement québécoises. C'est ainsi que dans l'épreuve de force qui se poursuit, le PQ reconnaît qu'il a besoin d'un appui populaire massif. Pour l'obtenir, il ne peut pas, dans son propre intérêt, refuser d'inscrire dans son projet certaines revendications prioritaires des classes populaires. C'est ce qui rend compte du savant dosage de concessions que l'on peut lire à travers le programme et les réalisations du gouvernement actuel. L'essence même du tripartisme et de la concertation que propose le PQ représente d'ailleurs la quintessence d'une approche basée sur la formation d'un nouveau bloc social. Les emprunts à la philosophie sociale démocrate que l'on peut déceler dans le programme s'insèrent également dans cette perspective. Ils ont comme vocation particulière de tenter de convaincre les classes populaires et leurs représentants de la nécessité de la collaboration entre classes de la nation pour arriver à modifier les structures actuelles du pouvoir.

Peut-on considérer enfin que les prises de position du PQ en faveur du capital autochtone sont de nature à émouvoir le capital canadien et américain dont les intérêts sont bien établis au Québec. Il n'y a pas de doute que l'approche péquiste met bien en évidence le manque de marge de manoeuvre dont dispose l'État du Québec à l'intérieur du cadre fédératif actuel et pose clairement les contraintes pour le Québec de devoir s'insérer dans une perspective pan-canadienne de politique économique jugée néfaste. On pourrait croire cependant que cette position ne représente une menace effective qu'à la condition de donner à la démarche de la souveraineté-association le sens d'une rupture radicale sans compromis. Là-dessus le PQ a pris la précaution de baliser l'impact de son discours revendicatif en replaçant les thèmes de la reprise en main de l'économie du Québec et de la récupération des pouvoirs de décision essentiels dans la continuité des actions entreprises au cours de la Révolution tranquille. Malgré cela, on a pu mesurer, lors du référendum de 1980, jusqu'à quel point la bourgeoisie canadienne et les politiciens fédéraux n'avaient aucunement l'intention de négocier ou d'accepter quelque compromis que ce soit.

Le rapatriement de la constitution, acquis in extremis par le fédéral en accord avec les neuf provinces anglophones, laisse à nouveau le Québec dans une position difficile. C'est encore une victoire du centralisme dont on ne peut à ce jour mesurer les conséquences pour l'avenir de cette province.

Le PQ et la forme de provincialisme qu'il représente serait-il voué à l'échec qu'il est peu probable que la question du Québec, à la fois question régionale et nationale, fasse l'objet d'une récupération totale. Bien des batailles sont encore à prévoir, d'autres alliances de classes peuvent aussi à plus long terme déjouer la stratégie centralisatrice du fédéral, une politique plus radicale comportant également des chances d'amorcer une véritable rupture avec le statu quo et le compromis entre bourgeoisies. Bref, rien n'est encore joué définitivement et la question du Québec demeure entière.

En guise de conclusion

Évidemment, il ne s'agit pas de conclure sur le débat engagé autour de la question régionale mais simplement d'amener quelques réflexions supplémentaires en fin de texte. L'idée d'inscrire ce débat à l'ordre du jour pose un défi en ce sens qu'il nous ramène à un phénomène très ancien qui a représenté un enjeu pour le Canada d'hier mais qui persiste à interroger notre réalité d'aujourd'hui. On pourrait soutenir que la question régionale canadienne plonge ses racines jusque dans l'époque coloniale où s'étaient constituées des entités sociétales avec leur unité propre. À partir de ce substrat est né vers le milieu du XIXe siècle une nouvelle société dont la formation allait coïncider avec le développement du capitalisme localement et internationalement. Au fil des décennies, les déséquilibres déjà apparents entre les colonies nouvellement rassemblées n'ont pas été réduits mais se sont maintenus, souventes fois creusés.

L'inégal développement de la société canadienne a provoqué périodiquement l'exacerbation des demandes et de la résistance régionales. Le développement des luttes autour de la question régionale a contribué à dévoiler la logique qui sous-tendait les politiques nationales. Elles ont indiqué que les rapports du centre à la périphérie étaient loin d'être basés sur les avantages comparés de chacune des régions pour le plus grand profit de toutes, mais reflétaient des rapports de dépendance et de soumission. Bien sûr, les modes d'intégration de la périphérie au centre ont varié au cours de l'histoire de même que les formes de résistance, mais sans qu'une solution égalitaire n'ait été en vue à aucun moment. Au contraire, l'intervention unificatrice de l'État central a toujours eu tendance à favoriser l'assimilation, brimant ainsi les autonomies locales.

Malgré cet effort de centralisation et les frustrations accumulées, le pouvoir n'a pas eu systématiquement raison des résistances. Le Québec, Terre-Neuve, le peuple acadien déterritorialisé et même les populations de l'Ouest à certains égards continuent de s'opposer. Serait-ce que le pouvoir n'a pas su mettre en place les moyens de résoudre les contradictions qui apparaissaient et d'uniformiser à outrance, ou bien serait-ce qu'il a préféré maintenir des déséquilibres et différenciations pour s'en servir à son avantage. On peut répondre laconiquement que la seule dialectique que connait le pouvoir, c'est celle de la politique du possible. En effet, devant l'absence de moyens politiquement efficaces, devant également l'intensité et la persistance des luttes, le pouvoir peut et doit trouver la manière de s'ajuster et de moduler ses interventions selon les circonstances. Il en est de la réaction du pouvoir face à la question régionale comme de celle qu'il adopte par rapport à la question paysanne ou devant la crise. Voyons cela.

On le sait assez maintenant: ni l'État ni l'entreprise ne sont à même de contrôler la crise économique actuelle. Pour désastreuse que la situation puisse être pour les classes populaires et en même temps dangereuse pour les classes dominantes, on s'aperçoit qu'en attendant la détente, l'État profite de la situation afin de centraliser davantage et de reprendre aux classes populaires les concessions qu'il avait été forcé de leur accorder au titre des politiques sociales de type keynésien après la guerre. Certains iront jusqu'à dire que la crise actuelle est partiellement mise en scène par des intérêts économiques et politiques identifiables, qu'une orchestration de cette crise de la part de ces mêmes intérêts est conçue quelque part dans les officines internationales. On ne peut, en effet, rester aveugles sur les bénéfices que tirent certains secteurs du capital monopoliste de la présente crise. Mais, provoque-t-on une crise comme on provoque une guerre, la question est difficile. Tout de même, ne peut-on pas chercher à créer le chaos ou du moins à l'utiliser, si on estime que les risques valent moins que la part qu'on en tire. Ainsi l'État et le capital monopoliste ne pouvant juguler la crise, ils n'en demeurent pas moins actifs dans l'évolution de celle-là et cherchent par toutes les astuces à en tirer le plus grand profit sur le dos des classes subordonnées[20].

Quant à la question paysanne, elle a aussi fait couler beaucoup d'encre. Depuis que l'on a constaté que le mode de faire valoir en agriculture dans la très grande majorité des pays capitalistes était encore massivement celui de la petite production marchande indépendante, on a bien été obligé d'admettre que les prédictions au sujet de la prolétarisation inévitable de la paysannerie sous le capitalisme mettait du temps à se réaliser. Les travaux récents sur la question démontrent bien que l'agriculteur indépendant reste encore la solution la plus rentable pour l'industrie de «l'agro-business»[21]. Cerné d'une part par le capital financier et par l'État, d'autre part, par les entreprises de transformation et de mise en marché, l'agriculteur, tout en assumant tous les risques et en n'ayant aucun contrôle sur les prix et le marché, déploie une force de travail sans commune mesure avec celle du prolétaire. Pourtant ce n'est pas lui qui récupère les plus gros gains de ce labeur mais d'autres qui les accaparent. Le maintien de l'agriculteur indépendant semble donc moins absurde pour le capitalisme qu'on aurait pu le croire. Tant qu'on pourra surexploiter cette force de travail, on n'assistera pas à la prolétarisation dans l'agriculture.

Pour en revenir à la question régionale, on peut convenir à la suite d'Alain Lipietz que l'uniformisation de toutes les différences n'est pas toujours souhaitable en fonction des intérêts du capital et de l'État. En termes économiques, il paraît au contraire avantageux et même nécessaire d'entretenir des écarts de salaires dans la distribution des branches d'activités[22]. Il n'est donc pas très étonnant de constater qu'au Canada comme ailleurs, le problème de la répartition inégale des avantages matériels entre les régions soit devenu un aspect important des luttes de résistance. Dans les deux cas qui ont été analysés dans ce texte, cet aspect de la revendication régionale demeure toujours éminemment présent.

Cependant, le partage de la richesse n'est pas le seul thème que reprennent les mouvements régionalistes. La critique du rôle de l'État central, de sa gestion politico-étatique des inégalités sociales et culturelles apparaît également centrale dans la liste des récriminations de la périphérie. Sous le premier angle, la contestation semble dirigée davantage contre le grand capital national ou intérieur; sous le second, elle s'attaque à la bureaucratie d'État et au pouvoir politique. Même si on peut avoir l'impression que la lutte n'est pas formulée en termes anticapitalistes et que l'accusation porte surtout sur le caractère «étranger», «lointain» de l'État plutôt que sur son caractère de classe, il n'en demeure pas moins qu'un lien s'établit au niveau de la conscience régionale entre les responsables du marasme économique régional et de l'incurie des politiques mises en branle pour y faire face. Cette conscience régionale et le mouvement de résistance qu'elle engendre, bien qu'ils soient en-deçà d'un objectif révolutionnaire de transformation sociale, conservent néanmoins une radicalité suffisante pour contrarier le pouvoir établi.

Dans les cas qui nous occupent, la classe politique subit les à-coups de la revendication régionaliste dans la mesure où la forme qu'elle adopte s'incarne dans le système politique partisan. Ces manifestations de résistance ont alors tendance de manière systématique à s'institionaliser en dehors des partis traditionnels et à s'exprimer à travers les tiers partis. Ces derniers sont généralement actifs sur les scènes provinciales où ils obtiennent souvent des succès spectaculaires mais ils débouchent rarement sur la scène nationale. Est-ce à dire qu'ils ne sont pas en mesure alors, à cause de cette limite, d'atteindre le pouvoir réel. Il faut pour y voir clair comprendre que l'organisation du pouvoir dans le régime fédératif fonctionne en établissant un système d'hégémonie complexe adapté suivant les régions. Il s'établit donc des blocs d'alliances spatialisés au sein desquels les intérêts hégémoniques nationaux sont représentés soit directement, soit au moyen de relais. De telles coalitions d'intérêts peuvent être plus ou moins étanches. Elles perdent leur efficacité s'il s'avère que des élites locales se servant du tremplin provincial tentent de réduire l'influence des élites compradores et même à s'y substituer.

Il va de soi que les organisations partisanes qui se forment en marge des partis traditionnels peuvent constituer des armes non négligeables de combat pour les classes implantées localement. Si elles acquièrent la majorité électorale, elles deviennent dangereuses parce qu'elles brouillent le système d'hégémonie existant. La fraction hégémonique nationale cherchera donc par tous les moyens à rétablir son influence en institutionalisant de nouveaux rapports entre le centre et la périphérie. Tant qu'elle n'a pas réussi, le système politique est en crise et la légitimité de l'État-nation se trouve contestée. Les exemples relatés plus avant correspondent à de telles situations.

Mais ne peut-on pas pour conclure pousser la réflexion encore un peu plus loin à partir de l'analyse des cas concrets analysés. Ces expressions du régionalisme, on le sait, n'ont pas conribué à faire éclater l'État canadien. Au contraire n'ont-elles pas été le nerf qui a permis de donner un nouveau souffle à la consolidation de cet État, en y favorisant à la fois un réaménagement des structures et une reconstitution sur de nouvelles bases de l'organisation/représentation du pouvoir.

De telles manifestations ne semblent pas avoir non plus réussi à imposer un réel processus de décentralisation; on peut même se demander si elles n'ont pas plutôt été l'occasion d'appliquer, au niveau de l'État central, une politique générale allant exactement en sens inverse, c'est-à-dire dans le sens d'une centralisation encore plus marquée.

L'État canadien et les blocs sociaux

**Gilles Bourque
et Jules Duchastel**

Le savoir produit dans la science sociale québécoise depuis le début des années soixante est tout entier marqué du désir de configurer l'objet Québec et de tracer les marques de la nation québécoise. Sous le signe de l'émancipation, les historiens, les sociologues et les politicologues s'acharnent en un combat aveugle pour la défense et l'illustration d'une nation que l'écriture contribue tout autant à produire que la recherche permet de décrire. À l'avant-scène, les thèses s'affrontent, se déplacent, s'autocritiquent en des combats dont l'irréductibilité relève souvent davantage de l'imaginaire des protagonistes que du travail effectif des productions. Participant de la Révolution tranquille, la science sociale reste emmêlée en des luttes de tranchées qui voilent souvent aux fantassins eux-mêmes, trop attentifs à polir leurs armes, la belle unanimité avec laquelle ils s'appliquent conjointement à former le territoire (la terre Québec) et la communauté (la nation québécoise). Renommer «l'homme (et la femme?) d'ici», lui redonner de nouvelles balises — littéralement —, tel semble bien avoir été le programme des vingt dernières années. Les uns et les unes parlèrent de nation, les autres de classes dans la nation: tout y passa, la colonie, la formation sociale, la structure et la superstructure, les instances, la surdétermination et la logologie, le capitalisme et le socialisme... sans oublier la rupture dans la nuée des concepts.

Le texte qu'on va lire s'écrit sur ce terrain fatigué d'avoir été trop souvent labouré dans le même sens. Il relève malgré tout de l'espoir d'y inscrire des traces partiellement nouvelles, plus conscientes de la configuration globale du terrain que de la profondeur et de la régularité des sillons, plus attentives à son irrigation qu'à la beauté des fleurs qui y poussent. Nous présenterons certains aspects d'une problématique que nous avons développée dans le cadre d'une recherche sur le discours politique au Québec entre 1936 et 1960.

Le duplessisme, issu de la crise, grand héraut de la lutte constitutionnelle et de la défense de la nation, pose de façon particulièrement aiguë deux des problèmes centraux de la science sociale des vingt dernières années: la question nationale et la structure de l'État canadien. L'analyse de cette période de l'histoire du Québec impose la nécessité d'un déplacement de problématiques plus ou moins étroitement nationalistes qui conjuguent deux aveuglements: la nation conçue comme une sorte d'essence préexistant au politique; l'État canadien réduit au seul affrontement entre deux blocs nationaux monolithiques.

Le savoir du national

La science sociale québécoise s'est développée ces dernières vingt années comme savoir[1] du national, non que l'on puisse réduire l'ensemble de ses productions à la seule question nationale, mais en ce que le problème national traverse l'ensemble de ses disciplines et s'y impose aussi bien au niveau théorique qu'à celui de la construction des objets de recherche[2]. À la faveur de ce mouvement, la sociologie s'est imposée comme discipline maîtresse de la définition et de la théorisation du national. Si l'histoire et la science économique avaient été, jusqu'aux débuts des années soixante, les disciplines de prédilection pour poser la question du Québec[3], alors que la sociologie et la science politique mettaient principalement de l'avant la «question sociale» et luttaient contre la réaction duplessiste, on assiste, au milieu des années soixante, à une véritable reconversion des sociologues et des politicologues, les uns s'attachant principalement à la théorisation de la nation, les autres à l'analyse de l'État[4].

Différents courants et plusieurs thèses se sont affrontés. Dans le cadre de cet article, nous ne pourrons malheureusement nous livrer à la revue critique de l'ensemble ce ces productions. Même si ce travail est essentiel à la construction de notre objet, nous n'exposerons ici que les éléments de notre problématique du national qui touchent le plus directement aux questions abordées dans ce recueil.

Communautarisation et spatialisation

Nous considérerons l'espace et la communauté comme des produits des rapports sociaux. Tout comme la définition et l'aménagement du territoire dépassent largement les seules déterminations géophysiques, la communauté ne préexiste pas aux luttes sociales, mais en constitue un enjeu fondamental. La communauté, quelle qu'en soit la forme, se présente toujours comme une forme transformée ou plus précisément comme une forme en transformation. Ainsi, la nation ne préexiste pas aux rapports sociaux, mais elle est modelée et remodelée dans un processus ininterrompu au sein duquel elle constitue un enjeu fondamental des luttes pour le pouvoir dans les sociétés capitalistes. La nation ne fait pas exception à toutes les formes de la communauté depuis le début de l'histoire. Il n'y a «d'éternel», dirons nous, que le communautarisme, au sens où l'homme et la femme n'existent que dans leurs rapports à une communauté historiquement déterminée. Quand Marx écrit que l'essence de l'homme c'est l'ensemble des rapports sociaux[5] ou quand, dans le même sens, Habermas considère le travail et l'interaction comme les deux aspects fondamentaux de toute société[6], ils soulignent que l'acteur est toujours déjà un agent social et donc, nécessairement, ajouterons-nous, un sujet communautaire.

Si, au sein des sociétés primitives la communauté (la tribu, le clan..) est produite dans la mythologie dans son rapport aux relations dominées qu'entretiennent ces sociétés avec la nature, au sein des sociétés de classes, c'est aux niveaux politique et idéologique dans leurs rapports aux rapports de production que se définit la communauté (la cité, la communauté villageoise, la nation...). À ce titre, la communauté nationale est un produit historiquement déterminé et sa reproduction constitue un enjeu fondamental des luttes sociales dans les sociétés modernes.

L'État, le capitalisme et la nation

La nation constitue une forme historique de la communauté dont l'apparition correspond au procès de développement du mode de production capitaliste et à l'affirmation de la domination bourgeoise. Son analyse renvoie donc de façon prévalente aux luttes de la bourgeoisie contre la noblesse et à la construction d'un nouveau bloc historique sous hégémonie bourgeoise, mobilisant la petite bourgeoisie, la paysannerie et la classe ouvrière, aussi bien que des catégories sociales comme le clergé et la bureaucratie. En tant qu'elle accompagne historiquement l'établissement et la reproduction de la domination bourgeoise, la formation de la nation apparaît comme l'un des effets en même temps que l'un des enjeux principal de l'institutionnalisation de l'ensemble des rapports sociaux qui caractérise la société moderne et qui traverse toutes les instances, niveaux ou paliers de la réalité sociale.

C'est dire que la nation s'inscrit dans le procès de la lutte et de la domination de classes et dans son processus d'hégémonisation et qu'elle se constitue d'abord et avant tout comme société politique, le politique étant précisément le lieu «surdéterminant» de la question nationale, puisqu'il est lui-même le lieu de condensation des rapports de force dans la société bourgeoise[7]. Poser la question nationale, c'est ainsi poser la question de l'État capitaliste.

L'État capitaliste se présente d'abord et avant tout comme un État centralisé: ses appareils produisent une centralisation-nationalisation de l'ensemble des rapports sociaux. L'aménagement du territoire donne déjà à voir une ouverture-homogénéisation de l'espace dont la clôture, la frontière et ses droits (de douane) conditionnent à la production du MÊME, d'une identité nationale s'opposant à l'AUTRE ne pouvant être que son envers: une autre nation. L'ensemble des individus soumis à la même monnaie, au même système de poids et mesures, aux mêmes moyens de communication convergeant vers les mêmes centres (nationaux) semblent déjà partager le même espace et la même communauté.

Le territoire ne saurait cependant être national qu'en étant déjà le produit d'un réseau d'appareils et d'institutions posant l'égalité et la liberté individuelle par et dans la communauté. L'État bourgeois se donne aussi comme État démocratique et comme État de Droit; il ne peut ainsi fonctionner sans une formidable centralisation de l'ensemble des rapports sociaux politiques, économiques, idéologiques et symboliques. Le Droit et la démocratie reposent, en effet, sur le triple canon de l'égalité formelle (l'idéologie juridique), de la représentation issue de la souveraineté populaire (le parlementarisme ou, à tout le moins, l'invocation de la représentativité dans l'État d'exception) et de la communauté des intérêts. Le Droit et la démocratie permettent en les balisant, la reconnaissance et le traitement centralisé des contradictions: la divergence (et non l'antagonisme) des intérêts n'est «vue» qu'à travers le prisme de leur complémentarité. L'inégalité actuelle se fond dans l'égalité formelle de tous les citoyens devant la loi; la lutte des intérêts est gérée dans des institutions politiques qui dissolvent les opinions dans l'opinion (publique). Cette société «consciente» d'elle-même ne se reconnaît et ne traite sa division qu'à l'intérieur du cadre d'une communauté nationale garante de son éclatement. Les intérêts divergents sont peints sur fond d'homogénéité.

Le Droit et la démocratie sont ainsi au centre d'un complexe d'appareils qui contribuent comme eux à l'interprétation d'un monde tout entier rapporté à la communauté nationale. Le drapeau, l'hymne national, la langue deviennent des symboles d'homogénéité et de complémentarité de sort. Tous les appareils idéologiques sont mobilisés (l'école, les médias, le sport...) pour la production de la nation comme groupe d'appartenance à travers lequel les individus se reconnaissent et fraternisent dans l'égalité et la liberté. Bref, l'État capitaliste fonctionne à la nation.

Et l'économie capitaliste? Serait-elle sans rapport nécessaire avec l'apparition de l'État national? N'aurait-elle fait que s'accomoder d'un État et d'une communauté essentiellement tributaires des formes de l'État d'Ancien Régime? À moins de nous en tenir à une vision maniaque de la cohérence des instances ou de nous faire les apôtres d'une rupture tellement nette qu'elle ferait tabula rasa, il apparait clair que le mode de production capitaliste, ne surgissant pas dans un non-lieu, reste marqué par les luttes qu'a dû mener la bourgeoisie durant la transition du féodalisme au capitalisme. Ainsi, même actuellement, plusieurs formations sociales charrient sous des formes transformées certains aspects du féodalisme. Ne pensons qu'au capitalisme japonais.

De même, il n'est nullement question, et il ne l'a jamais été, de soutenir une thèse posant l'apparition des nations comme une simple résultante d'un réel et d'une matérialité se réduisant à la circulation des capitaux. Dans l'État capitaliste et la question nationale, Gilles Bourque a soutenu que si une relation de détermination (non univoque) pouvait être pensée entre le développement du capitalisme, l'État national et la nation, celle-ci ne pourrait être trouvée dans la simple mise en rapport de la circulation des marchandises (la création du marché intérieur), mais bien plutôt dans les rapports de cette dernière aux rapports de production capitaliste[8]. C'est, affirmait-il, en tant qu'il est dominé par les rapports de production capitaliste que le marché conditionne à l'apparition de l'État national en créant un ensemble de conditions favorables, aussi bien au strict plan économique qu'aux plans politique et idéologique. Au nombre de ces conditions, citons la représentation d'un univers d'individus libres, égaux et co-échangistes qui, au niveau économique, est rendue possible par le fait que la force de travail est une marchandise et que l'extorsion du sur-travail apparaît comme un simple sous-ensemble du procès de production. L'extorsion du sur-travail propre au mode de production capitaliste se présente sur le marché comme un simple échange entre des partenaires égaux. Ainsi sont posées certaines des conditions de la reconnaissance d'une communauté homogène formée d'un ensemble d'individus égaux entre eux. C'est donc en tant que rapport social et non comme simple accumulation d'argent qu'il faut penser le rapport du mode de production capitaliste stricto sensu à la question nationale.

C'est dire aussi qu'en tant que rapport social, l'économie capitaliste est elle-même «toujours-déjà» institutionnalisée: non qu'elle soit la source de toute institutionnalisation, mais que la domination politique et idéologique de la société s'inscrit déjà dans les rapports de production. En ce sens, l'entreprise est un appareil tout aussi idéologique que l'école. Dès lors, même si l'on reconnaît que le symbolisme, l'idéologie et le politique (si tant est que l'on puisse leur attribuer des lieux théoriques absolument spécifiques) se structurent ailleurs que dans l'économique, le simple plaisir du déplacement de la topique marxiste conduirait-il à avancer que des phénomènes aussi fondamentaux que la nation et l'État centralisé naîtraient en contradiction presque complète avec l'ensemble des tendances des rapports économiques capitalistes?

Or, plusieurs aspects fondamentaux du capitalisme demeurent impensés dans une telle perspective. Si le capitalisme commercial demeure peu attentif aux conditions politiques des sociétés en autant qu'il puisse s'y insérer en jouant sur les termes de l'échange, si, en ce sens, et essentiellement en ce sens, on peut lui penser une vocation principalement mondialisante, il en va tout autrement du capitalisme industriel, c'est-à-dire du capitalisme au sens strict. Car le «capitalisme industriel» s'investissant dans la production des marchandises bouleverse l'ensemble des conditions et des institutions sociales et, comme rapport social, est «condamné» à une vocation hégémonique. Cette détermination à l'hégémonie peut sommairement s'analyser dans deux sens.

Le capital est d'abord hégémonique par rapport à lui-même. Le capital est par nature fractionné: il se présente sous la forme de capitaux se livrant une concurrence féroce. C'est pourquoi la bourgeoisie n'a jamais été et ne sera jamais un bloc monolithique, mais bien un ensemble de fractions en lutte les unes contre les autres, tentant de s'hégémoniser mutuellement. En ce sens, l'État centralisé est indispensable aux différentes fractions du capital puisqu'il gère les contradictions qui surgissent dès le départ en son sein même. Mais le capitalisme est aussi constitution d'une base d'accumulation; la concurrence entre les capitaux n'est pas un simple jeu d'échecs à dimension planétaire, mais bien la production de chasses gardées, d'espaces de libre développement protégés des menées adverses. À ce simple niveau, apparaît déjà la clôture des États nationaux: arbitrage de la concurrence interne, protection de la concurrence extérieure. On voit aussi poindre la nation comme la forme de communauté de sujets égaux dont nous avons repéré certaines des conditions de possibilité au niveau des rapports marchands dominés par les rapports de production capitaliste.

Cette base d'accumulation est cependant beaucoup plus qu'un partage du territoire, elle est en même temps constitution d'une base sociale, d'un bloc historique. Base sociale essentielle à la reproduction élargie du capital, puisqu'elle pourra assurer la reconnaissance de la propriété dans le Droit et qu'elle permettra d'assurer la domination et l'hégémonie de la bourgeoisie sur les autres classes et catégories dominantes, ainsi que sur les classes dominées. Or, nous avons montré plus haut que le Droit et la démocratie ne peuvent fonctionner que dans un univers communautaire «homogénéisé».

Nous pourrions continuer la démonstration à propos de la langue et de la tendance assimilatrice du capital ou à propos de la tendance au fusionnement et à l'unanimisme culturel propre à ce mode de production. Ces lignes suffiront, nous l'espérons, à montrer, sinon à démontrer, que l'État national n'est pas un avatar concédé par le capital dans ses luttes contre la noblesse, mais bien une des conditions essentielles de son développement. Et, même à l'heure de la multinationalisation des firmes, des marchés communs et des parlements transnationaux, et malgré les importantes transformations institutionnelles auxquelles le développement du capitalisme monipoliste contribue, ni l'État national, ni la nation ne semblent près de disparaître compte tenu du maintien de la concurrence et de la nécessité des capitalismes de s'assurer des bases sociales nécessairement fractionnées.

Formation sociale, forme de régime et bloc social

La nation, communauté politique déterminée par le développement du capitalisme, résulte donc d'un ensemble de déterminations institutionnelles qui modèle la totalité de la formation sociale. Sous le capitalisme, la formation sociale se présente nécessairement comme une formation sociale nationale. Mais il importe d'ajouter ici que nous employons le concept de formation sociale dans une acception fort différente de celle qui lui a été donnée par le courant althussérien[9].

La formation sociale n'y est considérée que comme l'articulation «concrète-réelle» des modes et des formes de production. Il renvoie donc dans la confusion relative, à un État ou à un pays donné constituant une fusion particulière infra et superstructurelle de cette articulation[10]. L'analyse de la question nationale exige le dépassement de cette approche purement descriptive et à la limite économiste. Le concept de formation sociale ne saurait avoir de pertinence que s'il permet de dépasser cette vocation purement empirique.

Si le qualificatif «social», accouplé à celui de formation, a une quelconque signification, ce concept ne saurait trouver son objet ailleurs que dans l'unité conférée aux rapports sociaux par et dans le procès d'institutionalisation, procès qui se révèle à l'analyse, comme nous l'avons souligné plus haut, procès d'hégémonisation bourgeoise dans la société capitaliste. En ce sens, le concept a une vocation aussi bien «abstraite-formelle» que «concrète-réelle»: abstraite puisqu'il permet de saisir l'effet et la cohérence du procès d'institutionnalisation — ainsi les aspects nationaux conférés à la formation sociale sous le capitalisme; concrète puisqu'il renvoie nécessairement à l'unité contradictoire des appareils et des institutions et qu'il permet ainsi de tracer les conditions de l'affirmation historique et de la reproduction d'une domination bourgeoise particulière.

Bien plus, en circonscrivant l'effet global du procès d'institutionalisation, le concept de formation sociale trace les contours de l'analyse de la production de la communauté. Ainsi le concept de formation sociale nationale ouvre à l'analyse des transformations profondes de la socialité et des contradictions que ce bouleversement génère. En produisant la nation et en tentant d'effacer la différence, la formation sociale nationale produit en même temps l'oppression nationale: oppression qui refoule à la marge toute autre forme de communautarisme et qui n'admet tendantiellement qu'une seule et même nation; oppression nationale puisque les résistances et les luttes générées par cette oppression prendront elles aussi une forme nationale, les communautés dominées tendant à s'y représenter elles-mêmes comme des nations, des contre-nations.

La problématique étant posée au niveau de ses concepts les plus englobants, il nous reste maintenant à circonscrire davantage notre objet. Nous entendons analyser le travail de l'idéologie émanant des appareils politiques et religieux dans la constitution d'un bloc social québécois durant la période 1936-1960. Une telle question de recherche n'est évidemment pas naïve puisqu'elle s'inscrit dans les éléments de la problématique discutés jusqu'ici. Mais elle présuppose d'autres considérations théoriques touchant à la question de l'État et à celle de la constitution des blocs sociaux. L'État capitaliste, avons-nous souligné plus haut, tend à nationaliser en les centralisant l'ensemble des rapports sociaux. Nous avons certes saisi là sa tendance fondamentale, mais à ce niveau de généralités nous n'avons distingué ni les différentes formes sous lesquelles cet État se présente durant les différentes phases du développement du capitalisme, ni les différents types de régime politique qui y sont à l'oeuvre.

Il existe plusieurs typologies des formes de l'État capitaliste. La plupart, descriptives, sont essentiellement fondées sur le degré d'intervention dans l'économie. Ainsi distinguera-t-on l'État libéral, l'État interventionniste (ou keynésien) et prospectivement, l'État néo-libéral (ou postkeynésien). Ces typologies ne touchent toutefois le plus souvent que la surface des phénomènes politiques et demeurent trop générales (ou parfois trop spécialisées) pour satisfaire à une analyse un peu soucieuse des importantes transformations qui s'opèrent dans le passage d'une forme de l'État à l'autre. Toute typologie devrait s'appuyer sur une conception beaucoup plus large de la place de l'État dans la société capitaliste et de la cohérence (toujours relative) que ce dernier confère aux appareils et aux institutions.

Si nous considérons l'État comme le lieu de condensation des rapports de forces dans la société capitaliste et, en ce sens, comme nous l'avons souligné plus haut, comme le lieu où sont reconnus et balisés les conflits, il faudra porter une attention toute particulière à la nature des rapports de forces et aux institutions et aux appareils que l'État met en place

pour les gérer, institutions et appareils qui dépassent largement le seul niveau économique.

Ainsi, dans l'État libéral caractérisé par la dominance
du capitalisme concurrenciel et par les alliances nécessaires
de la bourgeoisie avec les anciennes classes et catégories
sociales dominantes (aristocratie, clergé...), par le poids
relativement important de la paysannerie et la relative inor-
ganisation d'une classe ouvrière encore en formation, nous
assistons à la production-séparation, en même temps qu'à
l'apogée de ce qu'Habermas a appelé la sphère publique et la
sphère privée[11]. Bien que ce processus donne lieu à une centralisation politique sans précédent dans l'histoire de l'hu-
manité (imposition du Droit sur l'ensemble du territoire,
implantation de la démocratie parlementaire, sans compter
un ensemble de mesures d'unification touchant à la monnaie, aux poids et mesures, à la langue, etc.) les conflits
sociaux y sont pour ainsi dire refoulés vers la sphère privée
où l'individualité et la propriété bourgeoises peuvent se
développer librement et avec elles l'expropriation de la paysannerie, la prolétarisation de la petite bourgeoisie, l'exploitation et l'extension de la classe ouvrière. Cette constitution-
séparation de la sphère publique et de la sphère privée permettra en même temps de sanctionner une série «d'alliances
spécialisées» avec les fractions passéistes des classes dominantes en intégrant, par exemple, certaines d'entre elles
dans l'un ou l'autre des appareils de la sphère publique (la
bureaucratie ou l'armée), en concédant à d'autres une place
dans le système politique (les notables régionaux) ou encore
le contrôle au moins partiel de certains appareils non encore
investis par la sphère publique (le clergé dans le domaine
social et l'école).

L'État keynésien structure une nouvelle stratégie d'alliance qui bouleverse l'ensemble des appareils et des institutions. Sanctionnant l'hégémonisation de la société par la
bourgeoisie monopoliste et produisant les conditions politiques de l'intégration de la classe ouvrière, la sphère publique
envahit littéralement la sphère privée en intervenant directe-

ment aussi bien dans le rapport salarial et dans le domaine social que dans les rapports de propriété et dans la vie culturelle. Apparait alors ce qu'Habernas appelle une sphère sociale fusionnant les sphères publique et privée — c'est pourquoi il préférera parler d'État social plutôt que d'État keynésien ou interventionniste. Tout le tissu social tend à être investi dans un mouvement qui s'accompagne effectivement d'une centralisation du pouvoir aux sommets de la pyramide sociale (l'exécutif parlementaire, les hauteurs des bureaucraties publique et privée, les monopoles). Même si cette centralisation peut prendre l'aspect d'une décentralisation — il s'agira toujours de la gestion et de l'exécution de programmes définis d'en haut — c'est tout le réseau des alliances mis en place sous l'État libéral qui éclate. La petite bourgeoisie traditionnelle et le clergé sont évincés, la bourgeoisie non-monopoliste mise au pas, la paysannerie perd son poids politique.

C'est aussi tout le rapport au territoire qui se transforme, l'État keynésien tendant à briser toute forme de spécificité culturelle et à établir à travers sa bureaucratie un rapport direct entre l'État central et la société locale, même s'il est souvent maquillé sous le signe de la décentralisation[12]. Ce changement dans les rapports au territoire implique nécessairement une dissolution des anciennes alliances de la bourgeoisie dominant l'État central et les notables régionaux, alliances qui faisaient perdurer certaines des spécificités régionales et dans certains cas, nationales. Même s'il se présentait le plus souvent sous une forme folklorisante dans les États capitalistes dotés des formes de régime les plus centralisés, la forme de l'État libéral permettait une certaine survivance des formes de solidarité et de communauté minoritaires, c'est-à-dire minorisées.

On voit déjà que les formes de l'État capitaliste, bien qu'elles réalisent toujours une tendance à la centralisation et à la nationalisation de l'ensemble des rapports sociaux qu'elles ont territorialisées dans ses frontières, exercent des pressions inégales à l'extinction des communautés dominées et de ce que l'on appellera provisoirement les sociétés régionales. L'analyse de la forme du régime constituera cependant le terrain privilégié de l'analyse des formes de résistance et des luttes contre l'oppression nationale. Si nous définissons la forme du régime comme le principe d'organisation-distribution du pouvoir entre les appareils d'État, il apparait clairement que la forme du régime aura une forte incidence sur la reproduction aussi bien des rapports de forces que des espaces et des communautés à l'intérieur de la formation sociale. Son analyse permettra ainsi de poser le problème des rapports existant entre la condensation des rapports de forces dans l'ensemble de la formation sociale et la reproduction des espaces et de l'ensemble des communautés. En d'autres termes, la forme du régime constitue un lieu privilégié pour poser les questions régionale et nationale.

Pour ne pas nous égarer trop loin hors de notre propos, nous distinguerons deux grandes formes de régime, lesquelles pourraient être subdivisées en plusieurs sous-ensembles: le régime centralisé qui ne tolère que des pouvoirs délégués (nécessairement par l'État «central») à ses instances régionales ou locales et le régime fédéral qui fonde dans sa constitution un partage plus ou moins strict de juridictions posées, au moins au départ, comme étant mutuellement exclusives. Même si un régime centralisé n'empêche pas totalement leur survivance, le régime fédéral constitue un lieu beaucoup plus favorable à la reproduction des sociétés locales.

La forme du régime fédéral est l'indice d'une importante capacité de résistance des sociétés locales et, à l'inverse, d'une relative difficulté de la fraction bourgeoise dominante d'imposer son hégémonie au sein de la formation sociale. On peut de la même façon avancer que le passage de l'État libéral à l'État keynésien au sein d'un régime fédératif aiguisera de façon significative des contradictions qui seraient moins importantes dans un régime centralisé. La mise en rapport de la forme du Régime et de la forme de l'État, et plus particulièrement celle du régime fédéral et de l'État keynésien pourra ainsi servir de révélateur dans l'analyse des questions nationale et régionale.

Avant d'aborder la spécificité de l'État canadien et le duplessisme, il nous reste à circonscrire de façon plus précise ce que nous avons appelé jusqu'ici société locale, en y juxtaposant les notions de question nationale et de question régionale.

Nous avons défini plus haut la formation sociale nationale comme l'unité conférée aux rapports sociaux dans le procès d'institutionalisation, unité se présentant sous la forme de la centralisation et de l'homogénéisation nationale de la communauté et réalisant l'hégémonie bourgeoise. Mais cette centralisation et cette homogénéisation sont traversées par un ensemble de contradictions qui ne s'analysent que comme travail sur de l'antéposé. Elles résultent d'un processus d'alliance des classes sans cesse en transformation dont l'enjeu est l'imposition de l'hégémonie dans un espace et au sein d'une communauté qui sont définis dans le procès même de l'imposition de cette hégémonie. Ainsi serons-nous amenés à définir un bloc social comme une alliance-hégémonisation entre des classes et des forces sociales dominantes et les classes dominées qui produit une définition-représentation différencielle de l'espace et de la communauté. Dans la formation sociale nationale, le bloc social s'identifie tendanciellement à la formation sociale. Mais cette tendance, toujours à l'oeuvre, ne se réalise historiquement jamais. Une formation sociale nationale est toujours le lieu d'une lutte pour la configuration de l'espace et de la communauté qui se structure dans la constitution de blocs sociaux plus ou moins antagoniques. Les rapports d'alliance et les luttes à l'intérieur du bloc au pouvoir au sein de l'ensemble de la formation sociale s'appuient essentiellement sur les capacités d'alliances dans les différents blocs sociaux au sein de la formation sociale. Ainsi l'existence d'une société locale (régionale et nationale) implique nécessairement la constitution d'un bloc social qui a des effets pertinents au niveau politique.

Ajoutons, afin d'éviter toute confusion, que le bloc social n'est pas la nation mais bien un rapport d'alliance-hégémonisation, possible parmi d'autres, susceptible de reconfigurer l'espace et la communauté, soit en produisant la nation dominante et son espace dit national, soit en découpant au sein de la formation sociale un espace dit régional pour une nation dite minoritaire (ou pour une communauté dite locale ou régionale).

Ayant posé les bases conceptuelles de notre problématique, il nous reste à aborder les aspects de l'analyse de l'État canadien nécessaires à l'élaboration de notre approche du duplessisme.

Thèses sur l'État canadien

Plusieurs travaux ont, ces dernières années, tenté de développer l'analyse de l'État canadien dans une nouvelle perspective plus soucieuse de rendre compte aussi bien des contradictions qui le traversent que de l'unité effective de ses appareils[13]. Abandonnant des problématiques qui réduisaient l'analyse de cet État au simple affrontement entre deux seules nations ou, au contraire, dissolvaient toutes ses contradictions sous la seule notion de régionalisme utilisée dans une perspective fonctionnaliste, ces travaux ont insisté sur la nécessité d'analyser le Québec comme un espace (social, régional, national) tout entier produit dans son rapport constitutif à l'État canadien. Au sens fort, soutiennent ces travaux, la question du Québec est rigoureusement incompréhensible sans la situer dans l'histoire de l'État canadien. Cet énoncé ne pourra paraître un truisme que si l'on ne considère pas les courants dominants de l'historiographie et de la sociographie québécoises des années soixante et soixante-dix.

Nous tenterons d'approfondir la problématique développée dans ces travaux dans ses aspects les plus directement reliés à notre recherche sur le duplessisme. Ainsi a-t-on abondamment parlé de «tendance à l'éclatement» ou à la «balkanisation» de l'État canadien, de question régionale et de question nationale. Mais certaines ambiguités subsistent encore dans plusieurs des textes mettant en oeuvre cette problématique. Cette tendance à l'éclatement ne résulterait-elle principalement que de déterminations d'ordre économique? La question nationale n'est-elle qu'une simple forme de la question régionale? Nous tenterons de répondre à ces questions.

Le Canada présente les traits d'une formation sociale nationale. En ce sens, l'analyse de l'un ou l'autre de ses appareils politiques (fédéral ou provincial) ne pourra trouver sa véritable dimension que dans son rapport à l'unité qui caractérise cette formation sociale et qui donne son sens et sa cohérence (toujours relative) à la place qu'occupe cet appareil. La formation sociale canadienne, une formation sociale nationale, s'analyse en rapport avec le développement du capitalisme et délimite historiquement l'espace d'une domination-hégémonisation de classe spécifique, celle de la bourgeoisie canadienne. Elle se caractérise par la mise en place d'un ensemble d'institutions et d'appareils centralisés qui produisent une tendance à la nationalisation unitaire de l'ensemble des rapports sociaux. État national centralisé, l'État canadien est en même temps un État démocratique (bourgeois) et un État de droit fondé sur une Constitution. État capitaliste, l'État canadien met en oeuvre une politique économique qui a pour effet de créer, puis de développer un marché intérieur, ainsi qu'un ensemble de mesures visant à réglementer les rapports entre les capitaux et entre le capital et le travail et cherchant à assurer la reproduction élargie du capital par la dissolution-conservation des formes de production précapitalistes. À travers la cohérence et l'unité de son procès d'institutionalisation qui est en même temps procès d'hégémonisation de la bourgeoisie canadienne, la formation sociale nationale fonctionne à l'oppression nationale en produisant une tendance à la création d'une seule et même communauté nationale et en refoulant par le fait même l'expression de toute autre forme de solidarité communautaire (tribale et nationale).

Nous n'avons, jusqu'ici, saisi que la tendance fondamentale générée par la formation et la reproduction de l'État canadien. Nous ne saurions demeurer à ce niveau de généralités qu'au risque de nous en tenir à une perspective strictement structurale. La tendance nationalisatrice-unitaire dont nous venons de parler s'accompagne d'une tendance concomitante à l'éclatement. Nous insisterons maintenant sur cette contre-tendance dont la nature demeure encore présentée de façon relativement approximative dans les travaux que nous avons évoqués plus haut.

La formation sociale nationale, est-il besoin de le souligner, ne s'ébat pas dans un non-lieu. Elle ne nait jamais d'une rupture absolue qui aurait fait table rase des formations sociales antérieures qu'elle tente de conjuguer en les transformant radicalement. La formation sociale nationale canadienne est donc à ce titre et, comme toutes les autres, travail sur de l'antéposé, antéposé qui ne sera pas sans effet sur les caractéristiques spécifiques de cette formation.

Nous poserons que le Canada résulte d'un compromis initial dont les résultats s'inscrivent dans les structures mêmes de la formation sociale qu'il constitue, la condamnant ainsi à la reproduction perpétuelle d'un ensemble de contradictions qui a été saisi comme une tendance structurelle à l'éclatement. Au Canada, le compromis n'est pas historique, mais «éternel» et seule une transformation significative des rapports de forces permettra à ce pays de se sortir de ce cercle vicieux. Pour saisir cette tendance qui ne se réduit nullement à de simples conflits de juridiction, il nous faudra cependant quitter le terrain aride des structures pour nous attacher aux déploiements historiques des rapports de forces. Le concept de bloc social développé plus haut nous sera dès lors très utile.

Nous ne soulignerons qu'à grands traits les principaux déterminants historiques déjà relativement connus de la formation de l'État canadien[14]. La plupart des historiens ont souligné la relative précarité d'une bourgeoisie coloniale à dominante bancaire et commerciale, pieds et mains liés dans les structures de l'économie impériale britannique, qui est ni plus ni moins condamnée à se créer un marché intérieur, par suite de l'adoption du libre échange en Angleterre et du refus des États-Unis de créer un «marché commun» (refus du renouvellement du Traité de Réciprocité). Or, ce n'était pas une mince tâche que de créer presque de toutes pièces un marché intérieur et une industrie nationale, alors même que le territoire visé rassemblait des espaces économiques coloniaux commerçant relativement peu entre eux et que les rapports de production capitalistes dans leurs spécificités industrielles ne s'y étaient encore implantés que fort timidement. Mais quittons le strict terrain économique qui n'éclaire que fort partiellement le problème, car la création d'un État, fusse-t-il capitaliste, renvoie à bien autre chose qu'aux additions d'un tiroir-caisse.

La formation sociale nationale, pour autant que l'on quitte le strict terrain structural, implique la constitution d'un bloc historique sous hégémonie bourgeoise. Dans les cas les plus classiques, le processus d'hégémonisation a été marqué par l'affirmation de la bourgeoisie sur la noblesse (France et Angleterre) ou par la reconversion au capitalisme d'une aristocratie terrienne hégémonisant une bourgeoisie trop faible pour enclencher décisivement la transition au MPC (Allemagne, Japon). Mais le procès d'hégémonisation a surtout reposé sur des alliances avec les classes dominées (principalement la paysannerie) mobilisées en un mouvement de masse qui permit de renverser «l'ancien régime» et de produire la nouvelle société. La formation sociale nationale en création pouvait ainsi s'appuyer sur un mouvement dont les déterminations initiales étaient sans aucun doute économiques, mais qui se transformaient en déterminations d'ordre politique (le Droit, la démocratie...) idéologiques (la liberté, l'égalité..) et symbolique (le mouvement lui-même comme symbole d'une communauté nationale à construire).

Rien de tel n'a existé au Canada: la bourgeoisie canadienne n'a pu appuyer la formation de l'État canadien sur
aucun mouvement de masse apte à produire un véritable
bloc social canadien, un bloc historique au sens gramscien[15].
L'État canadien a fusionné un ensemble d'anciennes colonies de l'Angleterre qui connaissaient un développement
économique et social relativement hétéronome. Dans
l'ouest comme dans l'est existaient des entités coloniales qui
se sont imposées dès le départ comme des sociétés locales.
Londres a d'ailleurs dû intervenir pour convaincre les forces
sociales dominantes dans l'Ouest et dans les Maritimes
d'adhérer à la Confédération canadienne.

Le Canada résulte donc d'un amalgame réalisé à la
vapeur, ce qui est à peine un jeu de mots, puisque les che-
mins de fer ont constitué le principe fondamental d'unité de
la Confédération. Dépourvue de véritable adversaire, privée
d'une classe dominante pré-capitaliste pouvant résister à la
création de l'État national, sans une puissance coloniale
refusant la libération nationale, la bourgeoisie canadienne
se retrouve sevrée d'une mère patrie qui lui fait une «concession» à peine réclamée. Les conditions de la constitution
d'un véritable bloc social canadien étant absentes, la création de l'État canadien sera affaire de gens du monde, affaires négociées dans la création d'un bloc au pouvoir, mais
d'un bloc au pouvoir bien particulier au sein duquel les fractions hégémonisées des classes dominantes pourront s'appuyer sur des blocs sociaux déjà spatialisés (d'anciennes
colonies ou d'anciens espaces au sein de ces colonies) désormais posés comme régionaux et/ou nationaux[16].

Les forces sociales dominantes au sein des anciens
espaces coloniaux, soucieuses de conserver leur place dans
la production de l'hégémonie, pourront ainsi imposer à la
bourgeoisie canadienne une forme de régime fédérative, elle
qui rêvait d'une union législative. Dans son discours du budget de 1946, Onésime Gagnon cite « ce que déclarait l'Honorable M. Fielding, Ministre des Finances dans le gouvernement Laurier, lors du débat qui eut lieu à la Chambre des

Communes, le 25 mars 1907, au sujet des subsides accordés par la Constitution aux provinces»[17]. Cette déclaration illustre bien ce poids politique des sociétés antérieures: «Il est un fait qu'il importe de ne pas perdre de vue: c'est que le Dominion a été constitué par les provinces, et non pas que les provinces ont été constituées par le Dominion. Si, au début, ce grand pays eût été doté d'une union législative et que, plus tard, on eût jugé utile de fractionner ce pays en un certain nombre de provinces et de créer un pouvoir central, alors le pouvoir central aurait eu le droit de déterminer les droits et privilèges à attribuer aux autorités locales. Mais la situation était tout l'opposé. Les provinces existaient avant le Dominion; il a fallu convoquer les autorités provinciales, afin de constituer le pouvoir central et les provinces avaient le droit de se prononcer sur les clauses et les conditions qui présideraient à la création du Dominion»[18].

La forme du régime constituera donc le lieu privilégié de l'analyse de la tendance à l'éclatement qui caractérise la formation sociale canadienne, ainsi condamnée à la reproduction et à la potentialité du renforcement des espaces et des sociétés régionales et nationales autour des États provinciaux. Le problème étant ainsi posé, une série de questions surgissent sur la «profondeur» relative des alliances au sein des blocs sociaux régionaux, aussi bien au moment de la Confédération que par la suite, sur l'effet potentiel de renforcement de la forme fédérative sur ces blocs sociaux, sur la réalisation effective ou partielle d'un bloc social pan-canadien depuis la création de l'État canadien. On comprendra que nous ne pouvons répondre à toutes ces questions dans le cadre de cet article, d'autant plus qu'elles impliquent plusieurs recherches encore à faire[19]. Pour illustrer davantage notre problématique, nous centrerons notre attention sur la question québécoise et sur la transition de l'État libéral à l'État keynésien.

La question du Québec fusionne les deux aspects de la tendance à l'éclatement de l'État canadien. Elle peut être présentée à la fois comme une question nationale et comme une question régionale. En ce sens, elle peut donner lieu à une double tendance réductrice, soit qu'on se limite à la seule question nationale, soit que, sans doute en réaction, on la réduise à une simple question régionale, ne concédant au «facteur» national qu'une simple fonction additive dans l'ensemble des «particularités» régionales. Or, si l'une ne se réduit pas à l'autre, elles témoignent toutes deux, en les fusionnant au Québec, du mode de résolution des contradictions dont la forme fédérative témoigne au Canada. Les entités sociales préexistant à la formation de l'État canadien y sont consacrées en même temps que soumises sous le mode univoque d'une entité régionale.

Encore faudrait-il nuancer cet énoncé dans le cas des Acadiens, des Amérindiens, des Inuits et quelques années plus tard des Métis, dont l'existence politique fut purement et simplement niée en tant que communauté distincte dans la forme fédérative. Dans l'ensemble du processus de formation de l'État canadien, la concession d'un pouvoir régional semble avoir été beaucoup plus «facile» dans le cas des communautés culturellement apparentées (colonies à dominante anglophone) que dans celui de communautés fortement différenciées. L'histoire des Métis démontre comment on traitait la question communautaire quand la résistance ne pouvait faire le poids. On mesure ici la pleine dimension de l'oppression nationale au sein de la formation sociale nationale et la différence décisive entre question nationale et question régionale.

Pour comprendre la question québécoise, aussi bien dans sa spécificité que dans sa différence, nous partirons de la potentialité de résistance d'un bloc social concentré dans la région bas-canadienne à la veille de la Confédération. Il apparait dès lors clairement que, contrairement aux situations acadienne, amérindienne et inuite, les appareils coloniaux préexistant à la formation de l'État canadien n'avaient pas réussi à effacer de toute reconnaissance politique la communauté francophone du Bas-Saint-Laurent. On tenta pourtant résolument de le faire, craignant comme la peste cette communauté parlant une autre langue et pouvant dès lors se proclamer nation distincte et réclamer un État séparé; mais ni l'armée, ni même l'Union politique du Haut et du Bas-Canada ne parvinrent à liquider la question nationale dans la vallée du Saint-Laurent. Depuis la conquête s'étaient succédé au Québec des blocs sociaux exigeant plus ou moins radicalement la reconnaissance de la spécificité de la communauté «canadienne»[20]. Au moment de la Confédération, le clergé, la petite bourgeoisie et certains éléments de la bourgeoisie ne manquèrent pas de réclamer avec plus ou moins de radicalité le respect de la spécificité québécoise.

Le bloc social national bas-canadien pesa ainsi d'un poids significatif dans l'adoption de la forme fédérative. C'est ce que ne manquèrent pas de rappeler tout au long de l'histoire les forces sociales dominantes au Québec, quand elles voulurent faire respecter les acquis de la Confédération. Ainsi, dans son discours du budget du premier mars 1951, le ministre des finances de l'Union nationale, Onésime Gagnon, se réclame de «l'attitude prise par les Pères de la Confédération, attitude que Sir John Macdonald résumait ainsi au cours du débat sur le nouveau système de gouvernement, en 1865: «Je n'ai jamais hésité à dire que, si la chose était praticable, une union législative eut été préférable... Si nous pouvions avoir un gouvernement et un Parlement pour toutes les provinces, nous aurions le gouvernement le meilleur, le moins couteux, le plus vigoureux et le plus fort... J'ai trouvé que ce système était impraticable. Et d'abord, il ne saurait rencontrer l'assentiment du Bas-Canada, qui sent que, dans la position particulière où il se trouve comme minorité, parlant un langage différent, et professant une foi différente de la majorité du peuple dans la Confédération, ses institutions, ses lois, ses traditions nationales qu'il prise hautement pourraient en souffrir. C'est pourquoi il a été compris que toute proposition qui impliquerait l'absorption de l'individualité du Bas-Canada ne serait pas reçue avec faveur par le peuple de cette section... Nous avons trouvé en outre, qu'il n'y avait, de la part des provinces maritimes,

aucun désir de perdre leur individualité, et qu'elles parta-
geaient à cet égard les mêmes dispositions que le Bas-
Canada»[21].

Dans ce texte exemplaire, John Macdonald, montrant
à quel point la Confédération canadienne était un compromis, indique en même temps la différence entre la question
(nationale) du Bas-Canada et celle (régionale) des colonies à
dominante anglophone, en même temps que l'univocité de
la résolution des contradictions inhérente à la forme du
régime. Ainsi, commence-t-il par poser la différence entre
ces deux questions: «Et d'abord» écrit-il en abordant la réalité bas-canadienne. Il y reconnait ensuite formellement
l'existence de deux «peuples» et de deux «traditions nationales», évoquant ainsi l'existence de deux blocs sociaux distincts. Évoquant par la suite «l'individualité» des provinces
Maritimes et y reconnaissant les «mêmes dispositions» que
dans le Bas-Canada, il montre en même temps dans quelle
mesure la forme du régime répond à un ensemble de contradictions qui ne se réduisent pas à la seule question nationale.
Mais comment ne pas constater que le texte fonctionne ainsi
à l'amalgame et tente d'effacer la différence sur laquelle il a
commencé par insister: ainsi le Québec se retrouve-t-il, malgré tout, ravalé à l'état d'une simple question régionale ou,
comme le dirait le langage politique actuel, à l'état d'une
province comme les autres.

Onésime Gagnon, se réclamant de John Macdonald,
ne sera pas le seul à écrire l'histoire de la Confédération de
cette façon. Il pourra invoquer Louis A. Taschereau parlant
«de la Confédération qui était un compromis» et dénonçant
en 1920 «une conspiration dirigée contre les provinces et en
particulier la province de Québec»[22].

Le compromis fédératif conduira donc à l'adoption
d'un régime politique qui posera le Québec sur fond commun de régionalisme, tout en l'y distinguant. C'est dans
l'analyse de la particularité du régime fédéral canadien que
nous pourrons le mieux faire ressortir ces deux aspects à la
fois complémentaires et contradictoires.

La particularité la plus évidente du régime fédéral canadien est de renvoyer aux provinces une grande partie des appareils reliés au procès d'hégémonisation, c'est-à-dire à l'ensemble des juridictions touchant aux domaines social et culturel. Curieuse formation sociale qui décentralise ce qui est précisément relié le plus directement à l'institution-nalisation en principe unitaire des rapports sociaux. Sans compter une série de concessions d'ordre économique autour desquelles, même durant la phase libérale, les poten-tats régionaux pourront se développer sans nécessairement s'y limiter, le compromis fédératif prive l'État central d'une intervention privilégiée dans un ensemble de domaines essentiels à la formation d'un bloc social pancanadien véri-tablement articulé, pouvant engendrer une communautari-sation tendanciellement homogène.

Or, bien que la question régionale au Canada dépasse largement celle, régionale-nationale, du Québec, comment ne pas constater que la concentration d'une nation déjà constituée dans la région du Bas-Canada, opposée à la potentialité d'une nation pan-canadienne à construire dont les membres éventuels étaient socialement dispersés dans les différentes colonies du British North America, n'a pas influé de façon décisive sur la particularité de la distribution des appareils et des pouvoirs reliés à la légitimation. Même si les autres «individualités» coloniales y contribuaient, les particularités nationales du Québec et les potentialités d'al-liance qu'elles permettaient au sein d'un bloc social québé-cois condamnaient pour ainsi dire l'État canadien à cette aberration au sein d'une formation sociale nationale.

La question québécoise, province comme les autres sans l'être tout à fait, pesa d'un poids décisif dans la dénatu-ration du procès d'hégémonisation. Indiquons sommaire-ment les principaux aspects de ce travail de sape qui sont presque tous énumérés dans le texte de John Macdonald cité plus haut. La démocratie elle-même, dont la légitimité relève de plusieurs scènes politiques et qui sera invoquée dès le départ et sans arrêt par la suite à la défense de la division des pouvoirs et, au Québec, de la sauvegarde de la «race» et de la nation — les luttes constitutionnelles duplessistes se réclameront ainsi de façon répétée de la démocratie. Le Droit sera traversé des mêmes contradictions: le droit politique est au Québec intimement relié aux droits nationaux — «Ces droits dont nous sommes les héritiers, dira Onésime Gagnon, droits qui furent le résultat de luttes longues et opiniâtres peuvent être mis en danger par les tendances centralisatrices du gouvernement fédéral. Ces tendances, si elles se concrétisaient, ébranleraient certainement les fondements même de la Confédération»[23]. Le droit privé renforce encore davantage la spécificité québécoise, seule province dotée d'un droit civil différent, le droit civil français[24]. Ajoutons sans qu'il soit besoin d'insister, la langue, les principaux appareils idéologiques (l'école, l'Église), les appareils liés à la production de la mémoire collective (musée, folklore, tradition, etc). Bref, la liste pourrait s'allonger pour illustrer la profonde division que la particularité de la forme du régime fédéral inscrit dans l'État canadien et l'importance toute particulière du Québec dans cette division.

Cette tendance à l'éclatement sera plus ou moins marquée selon les phases du développement du capitalisme et les transformations de la forme de l'État. Nous aborderons cette question à propos du duplessisme.

Le duplessisme

On comprendra sans doute mieux maintenant comment la construction même de notre objet de recherche résulte directement de la problématique que nous avons définie jusqu'ici. Analyser les discours émanant des appareils politiques et religieux provinciaux durant la période 1930-1960, c'est non seulement s'orienter vers une lecture plus attentive aux effets de la forme du régime politique canadien sur la structuration du bloc social régional et national duplessiste, mais aussi choisir cette période comme révélateur des contradictions que cette forme de régime fait peser sur l'ensemble de l'État canadien, en ce qu'elle marque la transition vers l'État keynésien et le début de grandes luttes constitutionnelles.

La crise et l'État canadien

Les crises économiques mondiales auront au Canada, comme dans tous les États capitalistes, un ensemble d'effets politiques pertinents dont la nature sera fortement déterminée par la forme du régime politique. Alors que dans les États dotés d'une forme de régime unitaire les conflits sociaux se déploieront directement sur la scène politique nationale (le front populaire en France, par exemple), ils se traduisirent au Canada par un aiguisement des luttes constitutionnelles, en même temps que par l'intervention prévalente de masses populaires et des fractions dominées des classes dominantes sur les scènes politiques provinciales (créditisme dans l'ouest, duplessisme au Québec). Au Canada, la crise s'accompagne de plus d'une accentuation des contradictions nationales qui s'exprimèrent elles mêmes sur la scène politique provinciale, le Québec devenant le fer de lance des potentialités de réalisation des tendances à l'éclatement de l'État canadien, puisque s'y conjuguent question régionale et question nationale.

Cette particularité de l'expression des conflits politiques sur les scènes provinciales n'est évidemment pas un effet mécanique de la «technologie» de la forme du régime fédéral, mais bien la traduction des caractéristiques de la formation des blocs sociaux dans l'histoire canadienne elle-même qui, nous l'avons souligné, tendent à se former au niveau régional. La nature des conflits politiques canadiens durant les crises est fortement déterminée par la forme du régime en tant qu'elle résulte de la division des blocs sociaux canadiens et tend à la reproduire. Paradoxalement, en même temps que cette tendance à la provincialisation des conflits indique la précarité de la formation sociale nationale canadienne, elle renforce l'État canadien lui-même en tant qu'État capitaliste, puisqu'elle tend à prévenir l'irruption des masses populaires au niveau fédéral, lieu central du pouvoir de la bourgeoisie. Le capitalisme canadien tire pour ainsi dire partie de la précarité de la formation sociale nationale. Mais est-il besoin de le souligner, cet effet inattendu du régime politique n'a certes pas été cherché par les architectes de la confédération, ni par les hommes politiques dominant depuis lors la scène politique canadienne. Le régime fédéral canadien, tout en servant d'une certaine façon de soupape de sécurité, n'en affaiblit pas moins la bourgeoisie canadienne tant à l'intérieur qu'au niveau mondial, puisqu'il réduit les capacités hégémoniques de cette dernière et retarde l'adoption de mesures nécessaires à l'accélération de la concentration du capital.

Stratégie de sortie de crise et forme de régime

Le duplessisme sera tout entier marqué par l'affrontement de deux stratégies de sortie de crise en grande partie antagoniques. Affrontement qui renvoie, bien sûr, au rythme inégal du développement du capitalisme au Canada, mais qui ne saurait être saisi dans son mouvement même, et donc dans sa «réalité effective», sans prendre en considération les effets de la nature du régime politique canadien, le travail de l'idéologie ainsi que l'oppression nationale. Après des considérations nécessaires d'un ordre plus général sur les rapports existant entre la constitution des blocs sociaux, la forme du régime et la forme de l'État, nous aborderons la spécificité duplessiste.

Bloc au pouvoir et blocs sociaux

Nous avons souligné plus haut la particularité du processus d'alliance et de domination-hégémonisation de classe au Canada qui tend à la structuration des blocs sociaux au niveau régional. Nous avons souligné aussi le fait que la formation de l'État canadien résulte de la constitution d'un seul bloc au pouvoir scellant l'alliance entre les forces sociales dominantes au sein des colonies préexistantes, la formation d'un bloc social pan-canadien n'ayant pu être réalisé. Mais l'État canadien s'étant constitué, les rapports entre le bloc au pouvoir et les blocs sociaux varieront selon les phases du développement de l'histoire canadienne et l'aiguisement des contradictions générées par la forme du régime s'accentuera avec la transformation de la forme de l'État.

Durant la phase libérale, caractérisée par la séparation classique entre la sphère publique (société politique) et la sphère privée (société civile), l'État canadien s'accommoda relativement facilement de la forme de régime fédérale. Même si la crise de la fin du dix-neuvième siècle donna lieu à des affrontements fédéral-provinciaux, alors qu'à la suite des tentatives de centralisation fédérale, Mercier, premier ministre du Québec, convoqua la première conférence fédérale-provinciale et même si, jusqu'aux années trente, ce même gouvernement tenta à plusieurs reprises d'augmenter ses pouvoirs aux dépens des provinces, les affrontements constitutionnels canadiens portèrent principalement sur des questions économiques, sans toucher fondamentalement au partage des pouvoirs lié au procès de légitimation. Le fédéral fut même remarquablement attentiste dans ce domaine, comme le montrent les luttes sur la question des écoles séparées dans les provinces à dominante anglophone du Canada, luttes qui commencèrent à provoquer le repli de la représentation nationale canadienne-française dans «l'enclave» québécoise.

Durant la phase libérale, la fraction dominante de la bourgeoisie canadienne a pu se satisfaire relativement d'une situation qui faisait du Canada un amalgame mal intégré de sociétés régionales caractérisées par des alliances de classes spécifiques. On peut même avancer la thèse que les alliances entre les classes dominantes et les classes dominées se sont essentiellement structurées à travers la constitution de blocs sociaux régionaux. Ainsi, l'hégémonie de la fraction dominante de la bourgeoisie canadienne a-t-elle été médiatisée

par l'hégémonie des forces sociales dominantes au plan
régional, sa domination passant essentiellement par les
alliances qu'elle réalisait au sein du bloc au pouvoir canadien avec les forces dominantes au plan régional. Ceci n'est
pas sans rapport avec le poids encore relativement important de la paysannerie, de l'ensemble de la petite production
marchande, de la bourgeoisie non-monopoliste, ainsi qu'a-
vec le développement fortement différencié et inégal du
capitalisme dans les régions canadiennes. Comment ne pas
souligner, de plus, les caractéristiques du développement du
mouvement ouvrier qui, sur le plan syndical, est dominé par
le syndicalisme américain et, sur le plan politique, orienté
vers les scènes politiques municipales et provinciales. Ajoutons enfin le poids spécifique de l'impérialisme américain
qui, tout en renforçant le développement inégal, approfondit les espaces économiques régionaux, en particulier par
des investissements dans les ressources naturelles autour
desquels s'agglomérèrent des intérêts capitalistes à propension régionale.

Le régime fédéral et l'État keynésien

Le passage à l'État keynésien bouleversa cependant
l'univers politique canadien. La forme du régime permit le
déploiement de nombreuses résistances émanant des sociétés régionales. On aurait cependant tort de penser que
l'adoption des mesures keynésiennes résulte d'un mouvement univoque de centralisation entièrement mis de l'avant par
Ottawa. Nicole Morf montre très bien que plusieurs mesures
keynésiennes ont été prises au niveau provincial, avant
même qu'elles ne soient adoptées au niveau fédéral. Nous
nous inspirons de son travail dans les lignes consacrées aux
caractéristiques générales du passage à l'État keynésien[25].
Le contraire aurait même été étonnant, compte tenu de
l'éclatement de la structure politique canadienne sur lequel
nous insistons dans ces pages. Si, en effet, nous avançons la
thèse que, durant la phase libérale, les blocs sociaux se sont

structurés au plan régional et compte tenu du poids politique important de la classe ouvrière dans l'adoption de ces mesures, on comprendra que certaines provinces aient été à l'avant-garde en ce domaine, celles précisément où le mouvement ouvrier était le plus développé (dans l'ouest, par exemple). Il n'en reste pas moins que le passage à l'État keynésien n'avait de sens qu'en s'appuyant sur une centralité émanant d'Ottawa, ce qui ne manqua pas d'être fait dans un mouvement qui n'atteignit cependant sa maturité que durant les années soixante.

Le passage à l'État keynésien impliquait l'adoption d'un ensemble de mesures qui remettaient en question le partage des pouvoirs au sein de la Confédération canadienne. Énumérons les principales: une centralisation plus poussée de la politique économique (création d'une banque centrale, gestion centralisée des mécanismes de régulation du marché), une centralisation-harmonisation de l'intervention de l'État dans le rapport salarial et dans la reproduction de la force de travail (code du travail, assurance-chômage, assurance-santé, bien-être social), une harmonisation des appareils directement reliés à la légitimation (télécommunications, médias, école). L'adoption de telles mesures nécessitait des transformations importantes dans les rapports politiques de classes.

Il importait, en effet, que soient dissous les blocs sociaux régionaux ou, à tout le moins, qu'ils deviennent des spécialisations-adaptations d'un bloc social se définissant dorénavant au plan national pan-canadien. Tel était en toute logique le programme qui, on le sait, ne pourra s'appliquer que fort partiellement et même au risque de faire éclater l'État canadien lui-même. Pour que l'affirmation de l'État keynésien se fasse sans susciter la crise du régime qu'il a provoquée durant les années soixante-dix, il aurait été nécessaire que se conjugue un ensemble de transformations sociales d'une telle importance qu'elles auraient dissout presque par magie aussi bien la question régionale que la question nationale.

Résumons à grands traits, en y reconnaissant au passage des transformations effectives ou des projets de réformes qui ont marqué le passage à la forme d'État keynésien. Il fallait, il aurait fallu briser les liens directs qu'entretenaient au niveau régional les bourgeoisies non monopolistes avec le capital impérialiste, principalement américain. En ce sens, la lutte contre le capital américain impliquait l'hégémonisation directe des États provinciaux par la bourgeoisie monopoliste canadienne. C'est seulement après l'affirmation de l'État keynésien que le fédéral osera créer son agence de tamisage des investissements étrangers et que, plus tard, il initiera sa politique de canadianisation dans le domaine des ressources naturelles, avec les contradictions que l'on connaît dans l'Ouest, au Québec et à Terre-Neuve. Les attaques récentes des provinces contre l'agence de tamisage ne sont qu'un exemple parmi d'autres de ces contradictions. Il fallait, il aurait fallu que se réalise une canadianisation du mouvement ouvrier et que le mouvement ouvrier se défasse aussi bien de l'emprise américaine que de celle des forces sociales dominantes au niveau provincial (le clergé catholique au Québec). Il fallait, il aurait fallu lier le sort de la petite bourgeoisie à un réseau d'appareils nettement dominés d'Ottawa en réorganisant le secteur des arts et de la culture et en créant une bureaucratie dont le plan de carrière se serait développé dans une perspective pyramidale du provincial au fédéral. Il fallait, il aurait fallu défaire les rapports en partie privilégiés et éclatés qu'entretient la bourgeoisie non monopoliste avec les États provinciaux. Il fallait, il aurait fallu dissoudre les questions nationales et, à ce titre, obtenir la renonciation des droits amérindiens et inuits sur le territoire en échange de compensations monétaires et liquéfier les questions nationales québécoise et acadienne dans une politique de multiculturalisme «from coast to coast».

Ces transformations réalisées ou tentées bouleversèrent effectivement la vie politique canadienne[26]. Mais, tenant compte d'autres déterminations telles: a) l'évolution des rapports économiques mondiaux qui renforcèrent l'ouest et assurèrent, au moins potentiellement, un nouveau dynamisme à des provinces comme Terre-Neuve en valorisant certaines ressources naturelles comme le gaz naturel et le pétrole; b) le renforcement politique des provinces elles-mêmes, suite à l'application des mesures keynésiennes au niveau provincial; et c) le nouveau dynamisme du nationalisme résultant en partie du développement de l'État et de la bureaucratie provinciale, force nous est d'admettre que la production d'un bloc social pan canadien n'a pas encore été totalement réalisée.

La forme du régime politique canadien contribue ainsi à reproduire, quoique sous des formes significativement transformées, les conditions sociales qui ont conduit à la création de la Confédération.

Le bloc social régional-national duplessiste

Nous serions tentés d'écrire: cessons ces généralités pour aborder enfin notre objet de recherche, si ce très long préambule n'avait pas été essentiel à sa construction. Somme toute, nous n'avons pas cessé de parler du duplessisme, du moins des conditions nécessaires à son analyse. Aussi nous sera-t-il permis d'être bref, puisqu'il ne s'agira pas de donner les résultats d'une recherche en train de se faire, mais de compléter notre problématique.

Le duplessisme apparaît en pleine crise du capitalisme, durant les années trente. Résultat d'une alliance entre le Parti conservateur et l'Action libérale nationale, le duplessisme résulte de la formation d'un bloc social à dominante rurale dont la paysannerie constituera la classe appui et qui conjugue les forces sociales dominantes au Québec, la petite bourgeoisie traditionnelle et le clergé, sous l'hégémonie de la bourgeoisie non monopoliste. Nous traitons bien ici de l'hégémonie au sein du bloc social québécois, car si nous nous plaçons au niveau plus englobant de l'État canadien, cette bourgeoisie non monopoliste demeure dominée au sein du bloc au pouvoir canadien. En ce sens, il faudrait écrire que le bloc social duplessiste permet d'assurer le plus d'espace possible aux forces sociales dominantes au Québec tout en réalisant la domination de la bourgeoisie monopoliste canadienne et en intégrant les rapports conflictuels et, sous certains aspects dominés, que cette dernière entretient avec la bourgeoisie impérialiste américaine[27].

La stratégie de crise duplessiste sera de nature essentiellement libérale. L'Union nationale a, bien sûr, fait adopter des mesures d'inspiration keynésienne, mais elle en a toujours dénaturé les effets (salaire raisonnable, modifications aux conditions d'accréditation syndicale...). Sur le plan économique, cette stratégie favorise les investissements américains dans l'exploitation des ressources naturelles et l'accélération du développement du marché dans les régions rurales et semi-urbaines (crédit agricole, électrification rurale, mécanisation de l'agriculture). Cette politique favorise la constitution d'une base d'accumulation partiellement autonome, une base d'accumulation privilégiant la petite et la moyenne entreprise québécoise (principalement dans les régions non montréalaises) et reliée aux retombées de l'investissement dans les ressources naturelles (construction, transport, sous-traitance) et au développement du marché local (construction, voirie, commerce, secteur bancaire). Cette stratégie mettait en même temps en oeuvre une politique répressive face à la classe ouvrière: législation favorisant le *cheap labor*, répression du syndicalisme revendicateur, refus d'une intervention systématique dans le champ de la reproduction de la force de travail (domaine social). Il découlait logiquement de cette stratégie et de la constitution de la paysannerie en classe appui, la défense des intérêts du clergé et de la petite bourgeoisie traditionnelle qui continuèrent à contrôler l'école et le domaine social.

Cette stratégie heurta de front les velléités keynésiennes de l'État fédéral et il en résulta la lutte constitutionnelle de tranchées que l'on connaît. Cette stratégie s'opposa en même temps à celle du Parti libéral provincial beaucoup plus ouvert à la stratégie keynésienne et qui tenta, jusqu'à la fin des années cinquante, de former un contre-bloc social constituant la classe ouvrière en classe appui, assurant l'hégémonisation directe de l'État québécois par la bourgeoisie monopoliste canadienne, la bourgeoisie non monopoliste, la petite bourgeoisie traditionnelle, le clergé et la paysannerie y tenant une place beaucoup moins importante.

Dans le passage à l'État keynésien, le Québec apparut comme un lieu de résistance farouche, les contradictions entre la forme du régime et la forme de l'État commençant à se mettre en place et s'y déployant de façon exemplaire.

En guise de conclusion

Notre recherche porte spécifiquement sur le travail du discours dans la constitution du bloc social québécois à l'époque duplessiste. La problématique développée jusqu'ici nous conduit nécessairement à privilégier l'analyse du discours politique puisqu'elle pose la nation comme communauté politique et lie la question nationale à la production des blocs sociaux. C'est ainsi dans le discours politique que nous serons amenés à saisir le lieu de production de la représentation de l'espace, de la communauté et des rapports de force.

Il ne s'agira donc pas de chercher dans des revues «la philosophie» au sens gramscien, ou l'idéologie théorique à partir de laquelle seraient déduites les formes «secondaires» du discours conçues comme des expressions concrètes (ou pratiques) et donc impures et contaminées. Nous croyons, au contraire, mieux saisir le discours politique dans les institutions et les appareils où il s'élabore, se corrige et se transforme dans la lutte idéologique elle-même. Car il ne s'agira pas d'analyser les seuls discours de l'Union Nationale, mais bien de placer l'analyse du discours duplessiste dans ses rapports avec les autres discours (le contre-discours de l'opposition officielle, le discours religieux et celui émanant des organisations populaires) et en prenant en considération son rapport constitutif avec l'État canadien.

Nous analyserons donc le discours politique en le considérant comme le lieu privilégié de production de la représentation de l'espace et de la communauté. Nous entendons par discours politique, le discours travaillant de façon prévalente à la définition-représentation de l'espace, de la communauté et des rapports de force (intérieurs et extérieurs) en tant qu'il est à la fois produit et producteur d'un bloc social. Sont alors considérés comme politiques bien plus que des discours se représentant eux-mêmes comme politiques (ainsi, dans notre corpus, les discours législatif, constitutionnel et électoral), mais aussi tous les discours directement reliés à la production du bloc social et à la représentation de l'espace et de la communauté (dans notre corpus, les discours populaires émanant des organisations des classes dominées, syndicales et agricoles, ainsi que le discours religieux constitué des mandements des Évêques et des journaux d'action catholique).

Si l'on admettra assez facilement, l'idéologie étant essentiellement lutte idéologique, que nous posions le discours populaire comme discours politique, il faudra sans doute spécifier dans quel sens nous sommes amenés à considérer de la même façon le discours religieux. Si, dans la formation sociale nationale, nous considérons comme politique le discours émanant des institutions et des appareils produisant le bloc social dans son travail de constitution de l'espace et de la communauté, on comprendra dès lors plus facilement en quel sens nous considérons le discours religieux comme un discours directement politique. Sous Duplessis, le clergé représente en effet une force importante au sein du bloc social québécois et les institutions religieuses interviennent de façon décisive dans l'ensemble des luttes politiques marquant le passage de l'État libéral à l'État keynésien. La réforme des domaines social et scolaire, contrôlés au sein du Québec francophone par l'Église catholique, offre précisément deux des aspects principaux de ce passage. Ainsi, le discours religieux peut-il être considéré comme l'une des

formes du discours politique québécois durant la période
que nous étudions.

Soulignons enfin que l'État capitaliste, se donnant
comme État démocratique-populaire et État de Droit, le discours politique y est par définition discours de «masse». Les
institutions et les appareils produisant une représentation
tendanciellement unitaire de l'espace et de la communauté
s'adressent nécessairement à l'ensemble des individus-
citoyens de la formation sociale. Cette caractéristique nous
invite elle aussi à quitter le terrain de la «philosophie» pour
nous attacher au discours à l'oeuvre dans les institutions et
les appareils.

Nationalisme, État canadien et luttes de classes

Roch Denis

Dans les différentes contributions qui composent le présent ouvrage, les auteurs abordent trois grandes questions qui concernent la définition du Québec au sein de l'État canadien.

La première de ces questions touche au contenu des analyses qui, depuis 20 ans, ont cherché à définir le Québec et la question nationale. D'abord, chez Daniel Salée, mais aussi chez Lizette Jalbert, Gérard Boismenu et Gilles Bourque et Jules Duchastel, on trouve une critique adressée à ces analyses, qui se rejoint sous plusieurs aspects.

La deuxième question concerne la caractérisation de l'État canadien, et surtout, me semble-t-il, le régime fédéral ou fédératif, forme à l'intérieur de laquelle s'exerce la domination de la bourgeoisie au Canada. Ici, les auteurs, sous des angles plus ou moins différents, entendent jeter les bases d'une nouvelle approche pour appréhender la «réalité québécoise».

Enfin, la troisième question qui ressort de ces contributions s'applique aux conséquences théoriques et pratiques de cette nouvelle approche. En effet, si l'on veut discuter adéquatement du bilan des analyses sur le Québec au cours des deux dernières décennies, il faut essayer de définir avec le plus de clarté possible l'apport de la méthode proposée ici. En quoi et pourquoi permet-elle de surmonter les faiblesses et les échecs des analyses antérieures? Comment nous aide-t-elle à mieux comprendre le Québec aujourd'hui et à mieux agir sur la réalité pour la transformer? Ces questions n'invalident en rien l'effort de recherche et de discussion théorique proposé dans cet ouvrage, mais je crois qu'on doit pouvoir y répondre, si tant est que l'on reconnaît que le but de toute activité scientifique est d'être l'expression consciente du mouvement réel et non pas simple spéculation sur des idées opposées à d'autres idées.

Selon les auteurs, le cours dominant des études d'histoire, de sociologie, de science politique et d'économie depuis les années soixante a consisté à traiter le Québec comme s'il s'agissait d'une société disposant de son État, évoluant en contradiction avec une autre société et un autre État, la société et l'État canadiens (anglais) et obéissant à ses lois propres[1]. Dans ces études, l'État canadien, toujours plus ou moins dans l'ombre, était saisi tout au plus comme l'enveloppe ou le carcan extérieur des institutions politiques québécoises, comme une donnée parmi d'autres de la situation historique et politique du Québec, mais jamais vraiment comme le facteur déterminant des enjeux politiques de cette société.

Ce premier constat revêt une très grande importance et il faut essayer d'en définir la signification et la portée avec exactitude.

Daniel Salée écrit que la plupart des auteurs ont appréhendé le Québec sans tenir compte du contexte étatique fédéral. Le Québec a été saisi dans ses limites géographiques provinciales, comme si sa particularité nationale permettait qu'on l'abstrait de l'État canadien.

Gérard Boismenu développe sa critique dans le même sens. La société québécoise est détachée de l'ensemble canadien, comme si la spécificité nationale fixait une barrière rompant l'unité de la formation sociale canadienne. Avant même que la lutte contre l'oppression nationale ait été couronnée d'une victoire, consacrée par la création d'un État national distinct, on a doté le Québec d'un État, même en admettant qu'il soit «tronqué», comme si les institutions provinciales autorisaient à parler de «l'État québécois». Ce genre d'analyses dissolvait l'État canadien dans ses parties. Ses parties, en tout cas sa partie Québec, étaient érigées en totalité. Et la totalité avait un rapport d'opposition extérieure avec l'État canadien. Celui-ci était plaqué sur les institutions québécoises. Celles-ci n'étaient pas un rouage du dispositif d'ensemble de cet État.

Même des études se réclamant du marxisme sont tombées dans ce type d'approche.

Question nationale ou nationalisme?

Mais pourquoi en a-t-il été ainsi? C'est sûrement le premier point le plus intéressant à discuter par rapport aux contributions de cet ouvrage. À quelle raison les auteurs attribuent-ils ce fourvoiement analytique qu'ils proposent de surmonter?

Daniel Salée est celui qui s'emploie le plus à chercher une explication, conformément à l'objet même de son texte. Mais même s'ils s'attaquent davantage à d'autres aspects des problèmes soulevés, Jalbert, Bourque et Duchastel participent directement à la discussion sur ce point.

Pour Salée, c'est essentiellement le «primat» accordé à la question nationale qui est responsable de l'impasse dans laquelle les analyses se sont elles-mêmes placées.

Emboîtant le pas, Bourque et Duchastel stigmatisent le «combat aveugle» des historiens, des sociologues et des politicologues pour «la défense et l'illustration» de la nation. Le problème national envahit toutes les analyses, toutes les constructions théoriques, toutes les recherches. Il s'agit, disent-ils, d'une véritable «obsession nationale». Et Lizette Jalbert utilise aussi la même expression pour décrire le «refoulement» de la pensée sociologique au Québec.

Salée va plus loin. S'il s'agit, par exemple, de retracer l'origine du concept de «classe ethnique» élaboré au début des années soixante, il l'attribue au primat analytique que les auteurs se sont sentis obligés d'accorder à la spécificité culturelle et ethnique du Québec. En d'autres termes, c'est parce qu'ils accordent une place centrale et prioritaire à la question nationale au détriment d'autres facteurs, telle la lutte des classes, qu'ils aboutissent au concept de classe ethnique.

L'insistance sur le rôle de l'État québécois dans d'autres études provient aussi de «l'obsession de la question nationale».

De même, si *Parti pris* a voulu fonder ses analyses sur le marxisme, c'est finalement la problématique nationale qui a dominé sa perception de la réalité québécoise.

Salée critique ces auteurs «obnubilés par la dimension nationalitaire», qui fondent leur interprétation du Québec sur une tentative d'élucider le «problème» national québécois.

Enfin, selon lui, c'est parce que le discours sociologique est assujetti au carcan du débat nationalitaire qu'il demeure dépendant du langage des politiciens qui dominent ce débat.

Ce diagnostic, me semble-t-il, n'est pas exempt d'ambiguïtés. Car à quoi attribuer les erreurs des analyses critiquées? À l'obsession de la question nationale, à la trop grande place qu'elle a reçue dans les analyses, ou au nationalisme conscient ou inconscient de bon nombre d'études qui ont traité et défini la question nationale et la réalité socio-politique du Québec à partir de cette conception?

Bien qu'ils ne consacrent pas de longs développements à cette question, Bourque et Duchastel semblent finalement s'en prendre aux «aveuglements nationalistes» des analyses, davantage qu'à l'importance obsessionnelle qu'elles ont accordée à la question nationale.

Daniel Salée se défend de vouloir proposer qu'on évacue la question nationale. Il explique très justement que c'est en tant que partie prenante du développement de la lutte des classes au Québec — je crois qu'il faudrait dire au Canada dans son ensemble —, que la question nationale opère. Ainsi, pourrait-il conclure, ce n'est pas tellement la reconnaissance de la question nationale comme enjeu politique majeur qui devrait être en cause dans toute une série d'études mais bien plutôt le fait que ces analyses ne partent pas de la lutte des classes et de la question de l'État au Canada pour analyser la question nationale mais partent du Québec et de la question nationale pour aboutir éventuellement aux classes dans le cadre d'un univers totalement nationaliste. Mais Salée, à mon avis, ne se limite pas à plaider pour l'insertion de la question nationale dans la lutte des classes. On voit le problème soulevé par son analyse à l'occasion de la critique qu'il adresse à Gilles Bourque et Anne Legaré dans leur livre *Le Québec, la question nationale*. Bourque et Legaré, dit-il, font de la question nationale et de la lutte contre l'oppression nationale la principale menace qui, dans le procès même de la lutte des classes, joue en faveur de l'éclatement de l'État canadien. Il leur reproche de surestimer de manière indue la force de désarticulation du Québec sur l'État canadien. À preuve: «... historiquement la question nationale n'a jamais réussi à menacer sérieusement son (celle de l'État canadien) intégralité structurelle», alors que les «autres» régionalismes et les autres provinces n'ont pas manqué de la mettre aussi à rude épreuve.»

Je crois d'abord qu'il faudrait souligner que la question nationale n'agit pas par elle-même, comme si elle était dotée de son propre moteur, sur la scène politique à côté des classes en lutte, mais que ce sont celles-ci, essentiellement les masses laborieuses, le peuple travailleur qui, s'emparant de cette question, peuvent en faire un levier puissant pour la destruction de l'État centralisateur et oppresseur. Pourquoi la question nationale est-elle principalement restée dans les mains de la bourgeoisie qui a pu jusqu'ici contenir et détourner son potentiel révolutionnaire? Il s'agit d'une autre question sur laquelle il faudra revenir.

Mais sous prétexte de replacer la question nationale dans le cadre d'ensemble de la «formation sociale canadienne», je ne crois pas qu'on puisse l'assimiler aux tensions et frictions régionales ou provinciales et en annuler ainsi la portée spécifique. Je reviendrai aussi sur le rapport question nationale et question régionale et sur la nature des contradictions que chacune engendre dans l'État canadien.

Il reste que c'est, non pas Bourque et Legaré, mais la Commission royale d'enquête Laurendeau-Dunton qui, dès 1963, reconnaissait officiellement que la montée des aspirations nationales des Québécois constituait la plus grave menace qui ait pesé sur l'existence de l'État canadien depuis sa fondation.

À mon avis, dans le passage cité plus haut, mais non pas dans toute son analyse, Salée tord en sens inverse le bâton tordu par les nationalistes.

Le contenu du nationalisme

Il me semble que Lizette Jalbert frappe exactement la bonne cible lorsqu'elle s'applique à définir le contenu de classe des analyses nationalistes sur le Québec. «Pendant longtemps, écrit-elle, les différentes disciplines des sciences sociales se sont contentées d'interpréter la réalité canadienne selon une grille de lecture calquée sur le discours politique officiel.»

Il en a été ainsi des analyses nationalistes, mais tout aussi bien des analyses fédéralistes. Chez ces dernières, la dénonciation du nationalisme ou l'apologie du multiculturalisme et du «partage des richesses entre les régions» rendu possible par l'unité canadienne, ou encore la propension marquée pour l'étude des institutions et de la répartition fédérale-provinciale des pouvoirs est une reproduction parfaite, non seulement du discours des politiciens bourgeois, mais d'abord des intérêts de cette classe. Tout un courant de la sociologie, de la science politique et de la science économique, même en se gardant de prendre les couleurs du fédéralisme combattant, a reproduit de cette façon des idées dominantes qui ne sont que les idées de la classe dominante.

De ce point de vue, je ne crois pas qu'il soit suffisant, comme chez Daniel Salée, de dire que l'approche constitutionnaliste pèche par réductionnisme politique. Car les marxistes eux-mêmes doivent accorder la plus grande attention aux régimes, aux institutions, aux «questions constitutionnelles» qui demeurent un des terrains de la lutte des classes. Mais ce qu'il faut constater à propos des constitutionnalistes et des «institutionnalistes», c'est évidemment que le point de départ et le point d'arrivée de leurs analyses, ce sont les institutions et non les classes aux intérêts antagoniques. Il ne peut en être autrement chez eux.

C'est un peu comme si nous assistions au scénario suivant: le politicologue analyse la société, la vie politique. Qu'est-ce qu'il voit, qu'est-ce qu'il entend? Il voit un gouvernement, il entend les ministres, il voit les luttes des partis qui dominent la scène, il analyse les lois. Voilà donc où se trouve la politique! Tel est donc son point de départ et aussi son point d'arrivée. La politique s'analyse par le sommet.

Chez les nationalistes québécois, on a assisté à la même subordination par rapport à cette branche de la bourgeoisie qui s'imposait à eux comme premier point de référence. Et cela ne peut pas être expliqué simplement comme un effet de l'occultation conceptuelle qu'opère la question nationale.

L'amplification, souligne Jalbert, du caractère d'homogénéité d'une culture face à l'autre — la québécoise et la canadienne anglaise — refoule les contradictions de classes qui existent au sein de chacune d'elles et, devrait-on ajouter, les intérêts communs de classes, soit de la bourgeoisie soit de la classe ouvrière qui traversent le Canada d'un bout à l'autre. Voilà un effet du nationalisme. Et Jalbert souligne aussi un autre aspect majeur qui mériterait d'être développé: le nationalisme est à la recherche d'une «théorie québécoise» car le Québec, nation opprimée dans une société capitaliste avancée de l'Amérique du Nord, est à ce point unique que tous les acquis théoriques produits du développement historique à notre époque échouent à pouvoir en rendre compte.

J'ajouterais que les propositions en faveur du «socialisme québécois» participent de cette même subordination au nationalisme. Mais pour le compte de quelle classe ce nationalisme opère-t-il?

Lizette Jalbert y voit la marque de l'idéologie de la petite bourgeoisie. Je crois pour ma part que si les auteurs de ces analyses nationalistes peuvent être rangés dans cette classe, leurs analyses en revanche sont une reproduction des intérêts de la bourgeoisie et non pas d'abord de la petite bourgeoisie. Quelle est la destination du concept de classe ethnique, sinon de justifier l'unité nationale de toutes les classes derrière la classe qui occupe la scène politique au compte de ses intérêts propres. Quelle est cette classe?

Après une brève période (moins de 10 ans) au cours de laquelle le caractère de masse du Parti québécois et sa fondation en rupture avec les deux partis bourgeois traditionnels ont pu faire écran et conduire à le situer dans le rang des partis de la petite bourgeoisie, sa performance au gouvernement achève de révéler sa vraie nature de classe, celle d'un parti et d'un gouvernement nationaliste bourgeois.

En ne partant pas de la lutte des classes, mais en partant de la nation et de l'oppression nationale, les analyses nationalistes aboutissent inévitablement à voiler les intérêts de classe qui s'affrontent dans cet enjeu. Salée le souligne aussi clairement. Mais ce faisant, ces analyses ne se situent pas en dehors des rapports de classes, sous prétexte qu'elles les méconnaitraient. En niant une définition claire des intérêts de classes de la bourgeoisie dans la question nationale, et en parlant plutôt par exemple des «erreurs stratégiques du gouvernement péquiste», ces analyses servent à la reproduction de la domination de cette classe et à la subordination (même critique) derrière sa politique.

Il ne s'agit pas ici d'effacer la nature contradictoire qui oppose le nationalisme des nations dominées au nationalisme dominateur des nations qui dominent. Mais l'enjeu du débat consiste à reconnaître qu'au sein des nations dominées, c'est le peuple, ce sont les masses laborieuses et non les «bourgeois nationaux» qui ont un intérêt véritable à soulever le joug de l'oppression nationale dans leur lutte même contre l'exploitation.

Lizette Jalbert explique que le contexte politico-idéologique est largement responsable du refoulement de la pensée sociologique dans le nationalisme au Québec.

L'explication ici paraît floue. Il faudrait voir dans quelle mesure le retard historique du mouvement ouvrier, non seulement au Québec mais dans l'ensemble du Canada, à s'emparer de la question nationale à son propre compte, en fonction des intérêts qu'il représente, n'a pas directement favorisé la préservation par la bourgeoisie de son monopole sur cet enjeu. C'est elle — au Québec ou au Canada anglais — qui a défini la question (l'allusion au référendum n'est pas fortuite) dans des termes et des limites strictement conformes à ses intérêts. Si l'on considère que les analyses des intellectuels nationalistes reflètent des intérêts de classe petits bourgeois, je crois qu'on peut constater qu'ils traduisent l'influence prépondérante sur la petite bourgeoisie d'une des deux classes fondamentales, en l'occurrence la bourgeoisie, alors que les organisations ouvrières sont loin d'avoir assumé le même poids politique dans cet enjeu.

Pour quelle raison? Est-ce que la responsabilité en incombe aux travailleurs eux-mêmes? Sans qu'il soit possible de développer ici beaucoup sur cette question, je crois qu'on peut constater une ou deux évidences: au Canada anglais, la direction du NPD, à laquelle adhère une proportion significative de syndicats, a été à l'avant-garde du soutien indéfectible à l'État fédéral, en donnant son adhésion à Pro-Canada et en soutenant le gouvernement Trudeau à bout de bras au moment du coup de force constitutionnel. La direction du CTC a mis tout son poids pour stopper le développement d'un mouvement de masses, impulsé par les syndicats, en défense du droit à l'autodétermination du Québec.

Au Québec, le moins qu'on puisse dire, c'est que la haute direction des centrales syndicales a été extraordinairement conservatrice et craintive face à l'enjeu de la question nationale. Pour l'essentiel, le terrain et l'initiative ont été laissés au gouvernement péquiste. À chaque fois, au Canada anglais, comme au Québec, l'argument développé par les dirigeants à l'appui de leur politique respective a été le respect de la volonté des membres eux-mêmes. Mais au lendemain du référendum, ce sont les délégués au congrès du Conseil du Travail de Montréal (FTQ), qui, pour ne prendre que cet exemple, ont adressé une critique très nette à la direction de cette centrale, pour sa position d'attentisme et de collaboration face au gouvernement, pour avoir omis d'organiser un débat de fond chez les travailleurs sur cette question.

En terminant sur ce point de discussion soulevé par les auteurs, je voudrais insister sur le fait que, selon moi, ce n'est pas l'importance accordée à la question nationale dans les 20 dernières années qui doit être mise en cause. Y compris au moment du référendum, il ne pouvait pas et il ne devait pas en être autrement. Les analyses ont accompagné et cherché à exprimer le plus puissant mouvement de lutte contre l'oppression nationale qui se soit développé depuis la fondation de l'État canadien. Mais ce sont les termes et la méthode largement subordonnés aux mouvements de la bourgeoisie sur la scène politique qui doivent être identifiés et critiqués dans les analyses. À cet égard, le but n'est pas d'adresser des condamnations, mais de chercher à avancer en allant à la racine des problèmes. Et je crois que les textes du présent ouvrage se situent d'emblée dans cette voie. Si l'on pose la question nationale en partant de la lutte des classes, on ne peut la poser que par rapport à l'État. L'État au Canada, ce n'est pas plusieurs États. Il a peut-être plusieurs succursales, mais il n'a qu'un siège «social» qui est à Ottawa. Quelles sont les conséquences politiques et stratégiques d'une telle avancée pour analyser la question nationale dans l'enjeu des luttes de classes?

La forme de domination de la bourgeoisie canadienne

Ce point m'amène à aborder la deuxième question soulevée par les auteurs, à savoir la nature de l'État canadien et la place du fédéralisme comme forme de la domination bourgeoise dans ce pays. «Il faut reconnaître, écrit Gérard Boismenu, que l'État canadien n'est qu'un, bien qu'il ait une forme fédérative... (cette forme) ne nous renvoie pas à de multiples États juxtaposés... Au Canada, il y a un État unique... qui matérialise une organisation générale des rapports de pouvoir politique.»

Première conséquence majeure de cet énoncé que Boismenu dégage très clairement: les différentes composantes de la bourgeoisie ne participent pas uniquement à la reproduction des paliers provinciaux, mais toutes, quelle que soit leur localisation principale sur le territoire «fonctionnent», en tant que bourgeoisie, au «maintien et à la reproduction» de l'État canadien. Cela, on l'aura compris, est d'une importance décisive pour la compréhension et la caractérisation, en particulier, du «comportement» politique des bourgeois francophones qui, bien qu'ils soient obligés, pour asseoir leur domination, de se présenter comme les représentants des aspirations nationales du peuple québécois, canalisent inévitablement cet enjeu vers le maintien et la reproduction réaménagée mais non moins le maintien et — la reproduction —, de l'État canadien. Il est difficile de ne pas constater à quel point la politique du gouvernement péquiste a confirmé de manière éclatante ce diagnostic.

Sur la base de cette analyse, qui semble partagée par l'ensemble des auteurs, Boismenu, Bourque et Duchastel reviennent sur les origines de l'État canadien pour analyser la forme spécifique du régime dans cet État et y définir les conditions d'une compréhension «globale» de la réalité politique au Québec. Deux thèses ressortent de leurs élaborations: celle sur le compromis politique qui a présidé à la fondation du Canada, et celle qui affirme la tendance «structurelle» ou «endémique» à l'éclatement de l'État canadien. C'est sur ces deux thèses que je voudrais maintenant concentrer mes réflexions.

Comment s'est structurée la domination politique de la bourgeoisie canadienne? Bourque et Duchastel écrivent que, contrairement à d'autres processus qui ont présidé à la formation d'États-Nations, «la bourgeoisie canadienne n'a pu appuyer la formation de l'État sur aucun mouvement de masse apte à produire un véritable bloc social canadien». La bourgeoisie, ajoutent-ils, était dépourvue de tout adversaire. Il n'y avait devant elle ni puissance coloniale refusant la libération nationale, ni secteur arriéré de la bourgeoisie qui aurait résisté à la création d'un État fusionnant les colonies. De ce fait, sans mouvement de masses et sans adversaire, elle n'a pu se doter d'un État unitaire, ce qui correspondait à ses intérêts, mais a dû accepter une forme de régime fédérative — le compromis «historique»... — que les forces sociales dominantes des colonies lui ont imposé. En particulier la forme fédérative s'est imposée comme une condition sine qua non pour obtenir l'adhésion de ceux qui parlaient au nom des Québécois. Aujourd'hui, l'État canadien fondé sur ce compromis bâtard est en crise, condamné qu'il est à reproduire sans cesse des contradictions non résolues. Ce sont les conditions de sa fondation transcrites dans ses structures qui permettent d'identifier sa tendance structurelle à l'éclatement.

De nombreux aspects sont touchés par cette analyse. Essayons de les ordonner.

La bourgeoisie n'a pu s'appuyer sur aucun mouvement de masse. Je crois qu'elle *ne voulait* pas du mouvement des masses qu'elle craignait comme une menace incompatible avec la tâche politique qu'elle s'assignait. L'Empire et les bourgeois canadiens avaient su tirer les leçons de la révolution américaine. C'est John Macdonald, que Bourque et Duchastel citent, qui avait écrit que l'AANB devait être adopté par Londres d'un seul coup et sans possibilité de recours. Ainsi, disait-il cyniquement, une fois mise devant le fait accompli, la population apprendrait vite à l'accepter...

Dire alors que la bourgeoisie n'avait pas d'adversaire me paraît inadéquat. Son adversaire, à cette heure avancée du siècle, c'était le peuple dont une des composantes importante, c'étaient les Québécois. L'État canadien a été érigé par en haut, parce que le fait d'entraîner les masses dans le mouvement d'édification de l'État présentait trop de risques. Il aurait été impossible d'assurer la préservation du lien avec la couronne. Les masses auraient exigé sa rupture. Il aurait été impossible de façonner l'État comme les bourgeois l'entendaient. Les masses auraient revendiqué la république fondée sur le droit des peuples à disposer d'eux-mêmes.

Je voudrais, à ce sujet, pouvoir à mon tour citer un autre Père de la Confédération, George-Étienne Cartier: «Nous avons pu nous convaincre que les institutions purement démocratiques ne peuvent produire la paix et la prospérité des nations, et qu'il nous *fallait une fédération pour perpétuer l'élément monarchique* (S.N.). La différence entre vos voisins et nous, est celle-ci: dans notre fédération, le *principe monarchique en sera le principal caractère* (S.N.), pendant que de l'autre côté de la frontière, le pouvoir qui domine est la volonté de la foule, de la populace...»

Tout aussi lucide, Macdonald avait souligné qu'aucun représentant des gouvernements des colonies n'était en faveur de la pleine souveraineté du suffrage universel. Tous estimaient que la représentation devait se fonder comme en Angleterre «sur les classes et la propriété aussi bien que sur le nombre»[2].

Dans ce processus, que peut signifier l'affirmation selon laquelle la bourgeoisie n'affrontait aucune puissance coloniale refusant la libération nationale? Cela peut donner à penser que l'Empire concédait cette libération, même à l'embarras des bourgeois canadiens. Pourtant loin de faire cette concession, l'Empire avait, quelques décennies plus tôt, écrasé tout mouvement d'émancipation anticolonial dans ses colonies du nord. Ce qu'elle «concédait» en 1867, ce n'était pas la libération nationale mais la formation d'un Dominion qui serait aussi un maillon dans la chaîne de ses intérêts impérialistes, un maillon plus solide qu'un ensemble de colonies non centralisées.

S'il y a eu compromis au sein de la bourgeoisie canadienne, je crois qu'on devrait dire qu'il a porté sur la forme et non sur le contenu de la domination de cette classe.

Bourque et Duchastel rappellent qu'il y a deux grandes formes de régime de l'État capitaliste: la forme unitaire — centralisée — qui ne tolère que des pouvoirs délégués à ses instances régionales ou locales; la forme fédérale qui fonde un partage plus ou moins strict de juridictions posées, au moins au départ, comme étant mutuellement exclusives.

Mais justement, ce qu'il est intéressant de souligner à propos de l'État canadien, c'est que même en étant forcée de recourir à une structure fédérale pour rallier l'ensemble de ses composantes (sans cette forme qui jouait aussi le rôle d'écran, il lui était à toutes fins utiles impossible de garder le contrôle de la population), la bourgeoisie canadienne a tout fait pour introduire la plus grande centralisation possible dans cette forme même.

En d'autres termes, elle n'a rien ménagé pour réduire au maximum la portée de ce «compromis» sous la forme à travers laquelle allait s'exercer sa domination.

Contre les dangers d'un système politique forgé dans la révolution, comme celui des États-Unis, et dans lequel le centre tirait son pouvoir et sa légitimité des États constituants, MacDonald n'a pas cessé de plaider en faveur d'une structure fédérale qui, ici, ne ressemblerait en rien à celle qui avait été adoptée au sud. Il nous faut «un gouvernement central fort, écrivait-il, une grande assemblée législative centrale, une constitution selon laquelle *l'union (c'est-à-dire le pouvoir central)* aura *tous les droits de souveraineté à l'exception de ceux qui seront accordés aux gouvernements locaux.*» (S.N.)[3]

Au Canada, la forme fédérale combinerait bon nombre des «avantages» de la forme d'État unitaire. Reprenons l'ensemble de ces éléments: la création d'un État par en haut, un dispositif institutionnel profondément anti-démocratique, une forme fédérale qui, loin de constituer la reconnaissance d'États distincts, et en particulier d'un État québécois, n'en donne que l'apparence et met en oeuvre des mécanismes centralisateurs puissants.

À partir de cette analyse, on ne réduit nullement la portée soulignée par les auteurs des contradictions insolubles dans lesquelles se débat la bourgeoisie aujourd'hui, face aux mouvements qui viennent «d'en bas» et qui forment une charge incomparablement plus puissante qu'elle ne pouvait l'être au XIXe siècle. Au contraire, on mesure avec encore plus de force le caractère aigu de ces contradictions.

Il est incontestable, comme l'évoquent Bourque et Duchastel, que si la bourgeoisie canadienne avait pu se doter d'une forme pure de régime centralisé — mais ce coup de force risquait de soulever la révolution — elle aurait disposé de conditions encore meilleures pour écraser tout sur son passage: toute aspiration sociale, tout mouvement national. Mais elle n'en avait pas les moyens. D'où la forme fédérale. Mais c'est moins la forme fédérale qui gêne sa capacité de centraliser, aujourd'hui, que la remontée sans précédent de forces qui n'ont pu être écrasées ou assimilées à l'origine. Il n'en demeure pas moins que si la forme fédérale présentait certaine inadéquation avec les besoins de centralisation de la bourgeoisie canadienne en 1867, cette inadéquation s'est amplifiée au XXe siècle, à mesure que les besoins de centralisation ont grandi, nourris fondamentalement par le développement des mouvements et des organisations de masses. Ils commandent, pour affronter la crise, de se débarrasser, d'intégrer ou de mettre au pas tous les facteurs, y compris institutionnels, qui gênent l'absolue nécessité d'un État centralisé fort. Je reviendrai plus loin sur cette question.

Il me semble que l'un des arguments les plus importants de la démonstration de Bourque et Duchastel concerne le résultat historique auquel a abouti la fondation de l'État canadien. La bourgeoisie a échoué à produire un véritable bloc social canadien, soulignent-ils.

J'interprète cela comme signifiant qu'elle a échoué à former une nation. Et cela est d'une importance capitale. Il n'y a pas de nation canadienne, sauf dans la tête de Pierre Elliott Trudeau et des bourgeois canadiens dont la domination est accrochée au maintien de leur État. Une nation canadienne n'aurait pu naître que du mouvement révolutionnaire victorieux et de l'union libre des peuples et des républiques constitués sur le territoire des anciennes colonies émancipées. Il y a une nation américaine mais il n'y a pas de nation canadienne. La nation, écrivent Bourque et Duchastel, en réponse aux analyses nationalistes, ne peut pas être conçue comme une sorte d'essence préexistant au politique. Oui. Et s'il n'y a pas de nation canadienne, il faut constater aussi que la nation québécoise est en lutte et qu'elle ne se réalisera que sur les ruines de l'État fédératif et non à l'ombre de son maintien.

Le fait qu'il n'y ait pas de nation canadienne enlève évidemment une assise fondamentale à l'État canadien et montre le caractère entièrement réactionnaire et «illégitime» des bases qui ont présidé à sa fondation, par rapport aux États bourgeois produits de la révolution démocratique. En même temps, par rapport à ces États, l'État canadien apparaît particulièrement fragile dans la mesure où la question nationale qui ne se réduit pas, on le voit, au problème de la nation québécoise, agit comme facteur supplémentaire dans les luttes de classes qui concernent directement l'exploitation et l'État capitalistes.

Y a-t-il tendance structurelle à l'éclatement de l'État canadien? C'est aussi une question très importante. Boismenu, Bourque et Duchastel l'affirment mais il faut essayer de comprendre la signification de cette affirmation pour établir sa validité.

On peut d'abord constater que chez eux, ainsi que chez Lizette Jalbert, l'État canadien n'accuse par une seule, mais deux tendances contradictoires: une tendance centralisatrice unitaire, orchestrée par le centre, qui combat pour son renforcement et une tendance à l'éclatement nourrie par la forme fédérale, la question nationale, les régionalismes, la lutte des classes.

Dans les textes étudiés, au moins dans certaines de leurs formulations, c'est la deuxième tendance qui paraît prédominante.

Mais comment en juger?

Je dirais en premier lieu qu'il ne me semble pas qu'on puisse parler d'une tendance «*structurelle*» à l'éclatement. Non pas que les structures à travers lesquelles s'exerce la domination bourgeoise sont entièrement adéquates à la défense des intérêts actuels de cette classe. La réalité est différente, comme on l'a souligné plus haut. Bourque et Duchastel établissent aussi avec beaucoup de justesse que l'État, ébranlé par la crise, cherche à envahir et à contrôler tous les domaines, à centraliser le pouvoir au sommet, à disloquer les assises des «détenteurs de pouvoir» provinciaux et régionaux, à briser les forces de résistance nationale ou culturelle. Mais les structures héritées du passé, si elles nuisent à l'efficacité du travail centralisateur, n'agissent pas par elles-mêmes pour aller jusqu'à faire éclater l'État, organisation de la bourgeoisie en classe dominante.

C'est la lutte des classes qui est déterminante dans le processus de ces tendances contraires et dont le développement trouve sa réfraction jusque dans la crise des institutions et du régime.

Il ne s'agit pas ici d'opposer la lutte des classes comme un slogan polémique aux textes des auteurs, mais de faire ressortir pleinement l'impact de ce facteur qu'ils situent à la base de leurs analyses.

Dans le cas de la tendance centralisatrice, il est assez évident que les forces qui l'animent ne sont pas les institutions elles-mêmes qui seraient emportées dans une sorte de logique intrinsèque de centralisation toujours plus poussée. Ce sont les capitalistes canadiens, leurs partis et gouvernements, qui ont besoin de faire donner leurs institutions dans cette direction avec une intensité et une efficacité accrues, comme on l'a constaté avec la Loi C-73, la Loi C-124, la «Loi constitutionnelle du Canada 1982» et les lois et mesures adoptées par les gouvernements des provinces. Et ce ne sont là que quelques exemples significatifs parmi une liste très longue dans tous les domaines économiques, sociaux et culturels. À l'opposé, si des forces ébranlent la domination bourgeoise et enraye son dispositif centralisateur, c'est bien le flot «incontrôlé» des revendications et des aspirations que dénonçait déjà en 1966 la Commission Woods sur les relations de travail et qui surgissent de partout: salaires, conditions de travail, santé, éducation, femmes, qui se conjuguent avec l'irruption des aspirations nationales et des droits des minorités pour constituer un assaut sans précédent. Dans ces conditions, l'héritage institutionnel de 1867, malgré ses visées centralisatrices, apparaît insuffisant. Car même si dans la fédération canadienne tous les pouvoirs sont au centre, sauf ceux expressément accordés aux gouvernements locaux, il y a déjà trop de ces pouvoirs et gouvernements existants à tous les niveaux par rapport aux besoins actuels. Trop de contingents non centralisés dans l'armée du patronat, trop de sous-chefs qui se prennent au sérieux. Le fond des processus, c'est l'affrontement des intérêts contraires, c'est la lutte des classes, mais sur ce fond, il est incontestable que dans le camp de la bourgeoisie, les structures de sa domination agissent comme facteurs de nuisance dans l'atteinte de ses fins. Et encore une fois, elles ont cet effet d'autant plus que s'approfondit le mouvement général et les mouvements différenciés des masses laborieuses contre l'exploitation, le chômage, l'oppression qui tendent à désarticuler les mécanismes institutionnels classiques, à rendre caduques les vieilles relations internes au pouvoir et à multiplier les mauvais aiguillages entre secteurs de la bourgeoisie.

En un mot, la tendance ou l'offensive centralisatrice de l'État canadien est alimentée directement par les forces qui menacent de le faire éclater. La centralisation est le mécanisme de réponse et de contre-attaque d'un État qui n'arrive plus à dominer comme avant, parce «qu'en bas» on conteste de plus en plus cette domination.

Lizette Jalbert aborde aussi ce prolème en posant la question de l'impact des «régionalismes» sur l'État, l'unité nationale et les besoins de centralisation. Mais ces régionalismes sont-ils des phénomènes structurels ou des mouvements sociaux? Parfois, on ne sait pas si la distinction est très nettement établie. Mais en revanche, toute son analyse lève cette ambiguïté, car ce qu'elle identifie sous l'appellation de régionalismes, ce sont essentiellement des mouvements de luttes, surgis des conditions d'existence et des besoins matériels, économiques, sociaux, nationaux ou culturels, qui ont un rayon d'action régional mais dont l'envergure et l'impact peuvent parfois produire une onde de choc qui atteint jusqu'au centre de l'État.

Ses développements à ce sujet sont très intéressants et illustrent parfaitement que c'est la lutte des classes qui opère encore ici, se condensant à un moment donné sous la forme de mouvements enclanchés dans l'une ou l'autre région du Canada.

Plus, elle observe que ces «régionalismes» ont la plupart du temps été produits de l'action des classes dominées. C'est vrai et c'est très significatif car la classe dominante, elle, a toujours disposé d'une organisation centrale, l'État lui-même, et de partis «nationaux», les libéraux et les conservateurs qui assuraient plus ou moins efficacement, mais assuraient quand même la représentation de ses intérêts d'ensemble et de ceux de ses différents secteurs. Sans disposer d'une telle représentation, les masses laborieuses ont cherché à exprimer leurs voix et à défendre leurs intérêts en fondant des mouvements qui rassemblaient leurs forces dans une région ou une province, et dont l'existence exprimait un processus de rupture avec les partis bourgeois non seulement provinciaux mais aussi fédéraux.

Mais tous les mouvements régionaux n'ont pas été le produit des besoins et de l'action des classes dominées et l'on a vu et l'on voit encore des secteurs bourgeois fonder des mouvements ou partis régionaux comme le mouvement réactionnaire du West Canada Concept, expressions des tensions et contradictions au sein même de la bourgeoisie.

L'unité de la lutte des classes

Je voudrais en terminant aborder deux questions qui me paraissent au coeur des contributions de cet ouvrage: quel est l'impact de la forme fédérale sur le développement des luttes des deux classes fondamentales, la bourgeoisie et la classe ouvrière, dans ce pays. Et, si la rupture est définitive avec le nationalisme des études antérieures, quelle conclusion stratégique doit-on tirer d'une analyse qui pose la question nationale et «la réalité québécoise» à partir de la lutte des classes?

Dans les États dotés d'une forme de régime unitaire, expliquent Bourque et Duchastel, les luttes de classes débouchent directement sur la scène politique nationale, tendant toujours à se concentrer vers le siège unique du pouvoir, l'État capitaliste. Au Canada, cependant, la forme fédérale engendre un processus beaucoup moins direct dans la mesure où elle contribue à décentrer et à fractionner l'irruption des masses populaires en l'orientant vers les assises provinciales du pouvoir politique. Autrement dit, elle agit comme obstacle au mouvement de concentration de la classe ouvrière et des masses laborieuses vers le lieu central du pouvoir et sert aussi à protéger l'État bourgeois contre des mouvements qui, autrement, l'atteindraient directement en son centre.

Les deux auteurs en concluent que le régime fédéral, historiquement, n'a pas servi qu'à diminuer la force de domination centralisée de la bourgeoisie. Certes, comme ils l'écrivent, ce régime affaiblit la bourgeoisie canadienne tant à l'intérieur qu'au niveau mondial puisqu'il réduit ses capacités hégémoniques et retarde l'adoption de mesures nécessaires à l'accélération de la concentration et de la centralisation du capital. Mais face à la classe ouvrière, il continue de servir de «soupape de sûreté». Les provinces sont comme autant de remparts disposés sur l'ensemble du territoire pour tenter d'empêcher la marche unifiée de la population laborieuse sur Ottawa.

Selon eux, cet «effet inattendu» du régime politique n'a certes pas été recherché par les architectes de la Confédération ni par les politiciens qui dominent depuis la scène politique. Pourtant, quand on relit les discours des Pères et qu'on étudie les discours et les actes de leurs successeurs, on ne peut s'empêcher de constater que, depuis l'origine, les législatures et les gouvernements provinciaux se sont vu confier un rôle déterminant contre les masses populaires dans le cadre de la division d'ensemble du travail politique de la bourgeoisie et toujours au compte de son État.

Lizette Jalbert discute aussi de cet effet du fédéralisme: «Alors qu'au niveau national la solidarité (ouvrière et populaire) a toujours été compromise, au plan local la révolte semblait s'organiser sur des bases beaucoup plus intenses et durables... comment ne pas remarquer que les États provinciaux ont joué le rôle de caisses de résonnance des conflits sociaux et servi d'amortisseurs de choc bien avant que l'État et le pouvoir centraux n'aient été atteints.» La classe dominante «se serait en quelque sorte trouvée partiellement protégée en son lieu privilégié d'organisation et de représentation par ces têtes de tranchée qu'ont constitué les États provinciaux.»

Cela est absolument irréfutable. Et si l'on saisit bien qu'une des bases du régime fédéral consiste dans l'oppression nationale d'environ le tiers de la population laborieuse, on dispose d'une représentation complète de ce qui a constitué l'arsenal de division de la bourgeoisie contre la réalisation de l'unité du mouvement des masses.

Pourquoi la bourgeoisie canadienne accorde-t-elle tant d'importance à l'enjeu des questions constitutionnelles? On pourrait à première vue penser que comme ces questions touchent à la forme de la domination et non pas directement à son contenu, soit l'État capitaliste, elles ne constituent qu'un enjeu secondaire des luttes de classes. En fait, si la bourgeoisie est si profondément consciente de cet enjeu, c'est qu'elle sait à quel point le contenu de sa domination est coulé dans la forme héritée de 1867. Toucher à la forme, c'est risquer d'ouvrir une brèche dans laquelle le mouvement de masses pourrait s'engouffrer pour mettre en cause la domination de classe en tant que telle.

On ne peut donc absolument pas considérer que les discussions constitutionnelles et les querelles fédérales-provinciales sont une simple diversion ou ne concernent que la bourgeoisie et la répartition des pouvoirs internes à sa domination.

Bien sûr, les affrontements que l'on voit surgir entre politiciens n'ont aucun caractère antagonique. Comme Boismenu l'a souligné, toutes les composantes de cet État et de cette classe participent sous une forme ou sous une autre au maintien de cet État et les mésententes portent sur la meilleure manière de sauver le bateau du naufrage. Ils défendent la propriété privée et le profit. Mais dans cet enjeu, les masses trouvent à l'opposé la lutte pour leurs intérêts soudée à la conquête des droits sociaux, démocratiques et nationaux. Là s'opère la jonction entre la forme et le contenu de la domination bourgeoise.

Le peuple québécois peut-il se contenter de s'emparer des institutions québécoises et de les faire fonctionner comme telles à son propre compte? Cette dernière question touche à la conclusion qu'on peut tirer de cet ouvrage.

Daniel Salée écrit que l'«État québécois», dans sa forme actuelle, n'est ni la porte de sortie du peuple québécois ni un rempart contre le fédéralisme. Voilà une réponse à la question posée. Cela ne veut pas dire que des luttes ne doivent pas se mener dans cette enceinte qui est sortie des entrailles de l'État canadien, y compris en direction de son *assemblée législative* rebaptisée Assemblée nationale.

Mais «l'assemblée nationale» ne naîtra que de la concentration de la souveraineté entre les mains du peuple. Elle n'est pas un prolongement de l'assemblée législative coiffée du lieutenant-gouverneur à qui on mettrait un chapeau aux couleurs du fleurdelysé.

Il n'y a pas de continuité entre les institutions provinciales et la création d'une république nationale indépendante. De même, la politique de souveraineté-association du P Q n'est pas du tout une «politique des petits pas» qui, par morceaux grugés au fédéral, nous amènerait un beau jour à l'indépendance. Elle se situe en continuité avec l'État canadien et en rupture avec la conquête de l'indépendance.

Salée conclut que tant et aussi longtemps qu'il n'y aura pas une lutte générale contre l'État canadien, il n'y aura pas de libération nationale. Il faut viser cet État et non pas essayer de faire comme si la libération nationale pouvait être conquise en laissant l'État canadien en place... de l'autre côté de la frontière. Cela peut sembler curieux, mais il me semble que le principal acquis de cet ouvrage, au lendemain des analyses nationalistes, c'est la reconnaissance de ce qu'il y a UN État au Canada et UNE lutte de classes à laquelle n'échappe pas, mais dans laquelle s'intègre la lutte contre l'oppression nationale.

La lutte des classes, dont le contenu fondamental est le même d'un bout à l'autre du pays, s'exprime aussi sous des formes différenciées, prenant appui sur des déterminations particulières dans certaines provinces ou régions et donnant lieu à des rythmes différents au sein du mouvement d'ensemble. La grandeur continentale du territoire canadien accorde une place particulièrement importante à cette expression différenciée de la lutte des classes. Elle se développe à partir d'enjeux surgis des conditions de vie, de travail, d'exercice des droits démocratiques ou nationaux dont le caractère général peut d'abord prendre une expression particulière, trouver un premier point d'appui dans une région plutôt que dans une autre. Elle cherche aussi simultanément à se développer sur des enjeux politiques généraux communs à toute la population laborieuse. L'enjeu, dès lors, face au dispositif de la bourgeoisie, ce n'est pas de rabaisser telle ou telle expression particulière des aspirations des masses, mais de saisir *le général dans le particulier* et de chercher à donner à tous ces mouvements et au mouvement d'ensemble qui s'en dégage une expression concentrée sur la scène politique face à l'État canadien.

Il me semble que cet enjeu — agir pour que «la solidarité» au niveau pan-canadien ne soit plus «compromise» est le plus important, ce qui ne veut pas dire le plus facile à résoudre. Au contraire, son caractère décisif amène et amènera justement la bourgeoisie et ses aides de camp à jeter tous leurs moyens dans la lutte pour empêcher que l'expression organisée des masses laborieuses ne se hisse au niveau central de l'État. Constatant que cet enjeu ne s'est pas encore réalisé dans l'histoire, souvent les analyses, et les analyses nationalistes en particulier, l'ont renvoyé au domaine de l'utopie ou de la fantaisie pure, pour se mettre à la recherche d'une voie québécoise. Elle devait permettre de faire l'économie des «difficultés insurmontables» d'une action et d'une mobilisation des masses laborieuses dépassant le cadre du Québec ou des autres provinces pour atteindre en commun l'État central. Mais je crois que les contributions du présent ouvrage mettent en question radicalement cette voie sans issue. Elles trouvent leur confirmation dans la preuve que vient d'administrer l'État canadien sur son rôle véritable. Loin de n'être que le carcan extérieur de processus politiques qui pourraient s'auto-développer et se résoudre au Québec comme dans une chambre à part, l'État canadien est l'instrument clé de la contre-révolution, non pas à l'extérieur, mais dans la maison. Comme cet État dispose de piliers non seulement au Québec mais dans l'ensemble des appareils provinciaux, tout comme à Ottawa, la question se pose inévitablement des conditions d'une action de classe à l'échelle pan-canadienne qui ait la force suffisante pour affronter cet instrument. Elle ne peut reposer que sur l'identité des intérêts des masses laborieuses qui ne s'arrêtent pas aux frontières des provinces. Elle ne signifie aucunement l'abandon de la lutte pour l'indépendance nationale du Québec. Elle affirme cependant la nécessité d'identifier les forces sur lesquelles il faudra compter pour mener cette lutte à la victoire. Ces forces ne sont pas celles rassemblées d'un bout à l'autre du pays par Pro-Canada! Elles sont celles de la classe ouvrière, de la population laborieuse et de la jeunesse dont les intérêts fondamentaux ne les placent pas en contradiction avec les aspirations nationales des Québécois, mais en contradiction avec les capitalistes, leur système et leur État.

De toute évidence, ce diagnostic ne rencontrera pas les vues du nationalisme dont une des manifestations principales est d'avoir toujours défini le Canada anglais comme un bloc monolithique, homogène, non traversé par la lutte et les contradictions de classes.

Répliques
à Roch Denis

Daniel Salée: Le primat de la question nationale

Dans son commentaire, Roch Denis croit devoir souligner une certaine ambiguïté dans mon diagnostic à l'égard du discours sociologique québécois. J'aimerais, sur ce sujet, non pas apporter quelques précisions supplémentaires, car je ne crois pas pouvoir exprimer plus clairement ma critique, mais plutôt insister davantage sur la lacune fondamentale de ce discours, ce que j'ai appelé un peu cyniquement l'obsession de la question nationale.

Relever cette obsession, ce n'est pas reprocher aux analyses antérieures la trop grande place qu'elles auraient attribuée à la question nationale. C'est encore moins dénigrer un certain nationalisme conscient ou inconscient, puisque ladite obsession me semble transparaître tout autant chez des auteurs qu'on pourrait difficilement qualifier de nationalistes.

Imputer au discours sociologique québécois une tendance obsessionnelle, c'est essentiellement mettre en cause l'usage indu et incorrect qu'il a fait de la question nationale, non pas tant comme objet d'analyse, mais bien comme mode d'appréhension des réalités québécoise et canadienne. Ainsi, la question nationale a servi de passe-partout conceptuel grâce auquel il devenait possible de s'épargner, à gauche comme à droite, l'effort d'une compréhension du réel socio-politique en termes d'une analyse des rapports sociaux et de la lutte des classes qui, finalement, le constituent.

Paresse intellectuelle? Pas vraiment. Produit de la société et des classes qui l'articulent, le discours sociologique québécois a été modelé sur la perception de la manière d'être politique inculquée aux agents sociaux, quelle que soit leur situation dans la hiérarchie sociale. Notre conception de la vie politique et des conflits qui la caractérisent n'est jamais passée par une grille d'analyse classiste, sinon de manière très marginale. Le discours politique ne fonctionne pas à l'antagonisme de classes, mais recourt plutôt pour se formuler à des notions générales, englobantes et uniformisantes: nation, ethnie, peuple, société, groupe culturel, etc. De même, nos analyses socio-politiques ont-elles été longtemps marquées du sceau de cette tendance intellectuelle à l'homogénéité. De là, notre appréhension de la société québécoise selon une configuration de groupes facilement repérables, dotés de caractéristiques aisément identifiables et préférablement nationales. C'est ainsi que l'obsession de la question nationale s'est objectivée dans notre référence séculaire à l'existence de deux communautés distinctes pour expliquer la dynamique socio-politique du Québec.

L'objectif visé par ma lecture critique du discours sociologique est de faire prendre conscience du caractère limitatif d'une telle attitude analytique. La simple différence ethnico-linguistique du Québec et les mouvements nationalitaires qu'elle a suscités ne sauraient rendre compte de toute la réalité sociale, pas plus qu'elles ne sauraient conférer au Québec un poids disjonctif accru au sein de l'État canadien.

Doit-on croire qu'ainsi je «tords en sens inverse le bâton tordu par les nationalistes» comme je semble le faire dans ma critique adressée à Bourque et Legaré? On pourrait m'en accuser à bon droit si je cherchais à discréditer platement la question nationale ou à nier son existence. Mais tel n'est pas mon propos. Simplement, je ne lui reconnais pas les vertus explicatives que lui prête, directement ou indirectement, le discours sociologique.

De même, je ne crois pas que la spécificité qu'elle suppose au Québec lui consacre un pouvoir supérieur de déstabilisation de l'État canadien. À cet effet d'ailleurs, mes commentaires à l'égard de l'ouvrage de Bourque et Legaré ne font que souligner la servitude relative à laquelle ils se plient encore face à la problématique nationalitaire. Pourtant, en substance, j'abonde dans le même sens qu'eux et j'admets que le Québec joue un rôle appréciable dans la tendance structurelle à l'éclatement de l'État canadien; mais ils me semblent tout de même faire preuve de velléités nationalitaires en ne prenant pas soin d'observer qu'il se joint en cela au concert des autres provinces. Celles-ci, selon des modalités propres à la nature de leur développement historique respectif au sein de l'État canadien, participent aussi à cette tendance.

Faut-il assimiler la question nationale aux tensions des régions ou des provinces avec le niveau central de l'État canadien et ainsi «annuler sa portée spécifique»? En réalité, la question ne se pose même pas. Certes, la question nationale produit des effets pertinents dans la sphère globale de la société et de l'État canadiens; en soi, ils sont la manifestation particulière du mouvement historique propre de la société québécoise et l'intègrent, de ce fait, au procès d'actualisation et de la société et de l'État canadiens. En ce sens, la portée spécifique du Québec n'est pas annulée; elle doit simplement s'insérer dans une perspective plus large, celle de l'ensemble sociétal canadien en tant que moment défini et déterminé du procès général de la lutte des classes au Canada.

Gérard Boismenu: La différenciation de l'espace et la question nationale

La discussion de Roch Denis m'inspire certaines remarques qui visent moins à formuler une quelconque réponse qu'à souligner certaines thèses au centre de notre démarche.

La critique que l'on doit administrer aux études portant sur le Québec consiste sûrement à montrer que, pour une large part, elles sont assujetties à l'idéologie nationaliste dominante et qu'elles nient ou ignorent la lutte des classes. Mais, s'il faut parler de méthode, un autre aspect doit être mis en évidence. La question nationale est généralement considérée comme un foyer de convergence des multiples dimensions de la réalité québécoise; tout se passe comme si la complexité sociale s'y concentrait toute entière. De deux choses l'une. La question nationale devient une «métacatégorie» qu'il faut décomposer pour saisir des phénomènes divers dont, à titre d'exemple, le développement inégal du capital; mais alors les «sous-catégories» ne relèvent pas nécessairement en propre de la question nationale. Autrement, elle se transforme en un modèle intellectuel composite qui s'étale sur le réel en procédant à une désignation globalisante par laquelle un ensemble disparate se confond. C'est davantage cette deuxième procédure qui est courante.

Or, réinsérer la question nationale dans la lutte des classes représente un redressement nécessaire. J'insiste pour dire cependant qu'il est loin d'être suffisant si la question nationale continue à servir de point focal canalisant l'ensemble des manifestations de la lutte des classes. En ce sens, l'inscription de la question nationale dans la mouvance de la lutte des classes est un préalable qui permet des développements importants. Elle refoule les limites territoriales-nationales de la perspective des études sur le Québec et conduit à l'insertion de la réalité québécoise dans l'ensemble canadien. Et tout autant, si on refuse que la lutte des classes soit un leitmotiv qui revienne par invocation, elle force l'analyse de la diversification des manifestations et des formes concrètes des luttes à travers et dans l'espace canadien. Ainsi, la réflexion sur l'organisation et la morphologie de l'espace social fait figure de condition de possibilité à la compréhension de la diversité concrète de l'articulation et de l'expression des rapports de classes.

De prime abord, il est manifeste que nous connaissons au Canada une régionalisation des mouvements sociaux et politiques et, d'autre part, une diversité des formes d'exercice du pouvoir selon les gouvernements tant du niveau central que du niveau provincial de l'État. En ce sens, il est juste d'insister sur le fait que ce qui se présente comme question régionale est fondamentalement mouvements, pratiques, résistances, luttes de classes qui se spécifient à travers l'ensemble de l'espace canadien. Mais, parce qu'il ne s'agit pas là d'irruptions spontanées explicables par les seules considérations conjoncturelles et parce qu'un schéma bipolaire de deux classes-sujets s'affrontant irrémédiablement demande à tout le moins des développements et des raffinements, il faut dégager la trame de ces manifestations et expressions régionales en s'intéressant à la différenciation de l'espace canadien en espaces régionaux. L'enjeu n'est pas d'établir une constellation d'indices inertes mais bien plutôt de repérer les grands vecteurs de l'organisation de l'articulation des rapports de classes qui, dans sa manifestation concrète, spécifie un espace régional et le différencie d'un autre. Il s'agit donc de reconnaître le terrain où se déroulent une multitude de luttes à portée tant sociale et idéologique que politique et économique, où s'organisent les forces sociales et politiques par rapport auxquelles se façonnent des types d'alliance politique incarnés par les gouvernements, où se constituent dans la mouvance des rapports de classes ce que Bourque et Duchastel appellent des blocs sociaux et où prend forme dans toute sa complexité la question régionale. On comprend donc, de par leur source même, que l'espace régional, le bloc social et la question régionale ne sont pas, chacun à leur titre, l'apanage d'aucune classe en particulier; ils sont autant de modalités de concrétisation et, d'une certaine manière, de voies d'appréhension de la lutte des classes dans le cadre de la domination de la bourgeoisie au Canada.

L'État n'est pas extérieur à l'espace social: il le conditionne d'une façon significative. Concurremment l'État fédératif dans son fonctionnement «intériorise» la différenciation spatiale de l'articulation des rapports de classes et la diversification des manifestations de la lutte des classes. Or, lorsqu'on parle d'espaces régionaux au Canada, il est question d'espaces qui contradictoirement composent l'espace canadien et qui, malgré une tendance plus ou moins accusée à la balkanisation, participent à l'unité de l'espace canadien. Cette unité, historiquement produite et régulièrement compromise, n'est en rien assimilable à une quelconque uniformité ou homogénéisation des rapports sociaux. Il en est ainsi pour l'État canadien. Par son existence et par l'organisation de ses niveaux, il témoigne d'une unité qui se fait et se renouvelle dans la matérialisation du pouvoir de la bourgeoisie. Mais on ne peut s'appesantir sur l'unité de l'État et sur son unicité au point de jeter dans l'ombre le caractère hautement contradictoire du fonctionnement de l'État canadien. Et ici il faut revenir aux manifestations politiques et idéologiques de la lutte des classes telles qu'elles apparaissent dans l'ensemble de l'espace canadien et telles qu'elles se déroulent spécifiquement dans les espaces régionaux. L'unité de l'espace et de l'État canadiens est atteinte par le dépassement pratique d'une forte tendance opposée qui, malgré une intensité variable, n'a pas jusqu'à ce jour occupé une position dominante. Cette tendance structurelle à l'éclatement, qui est profondément enracinée dans la question régionale et dans la question nationale (j'y reviens à l'instant), habite l'État fédératif comme mode particulier de déroulement de la lutte des classes et de l'oppression nationale au Canada. Il ne s'agit donc en rien d'une tendance qui tirerait son origine du malfonctionnement des institutions (ou structures politiques).

Le chemin parcouru permet de revenir au point de départ. L'approfondissement du mode d'appréhension du déroulement concret de la lutte des classes au Canada a servi à repérer certains concepts et des voies d'investigations pour circonscrire la question régionale. Pour sa part, la question nationale se fonde sur l'oppression nationale à l'égard des Québécois, qui traverse la lutte des classes et qui est intégrée dans l'organisation et les pratiques de l'État canadien. De la sorte, l'inscription de la question nationale dans la lutte des classes impose le recours aux instruments qui nous permettent de l'analyser dans sa différenciation spatiale. Il me semble qu'il faille souligner que le traitement de la question nationale, pour déboucher sur une vue d'ensemble, doit se combiner, notamment, à une discussion circonstanciée de la question régionale. En somme au Québec, la question régionale se double d'une toute autre dimension qui tire sa source des rapports d'oppression nationale et qui enrichit la tendance structurelle à l'éclatement en y intégrant des facteurs d'exacerbation susceptibles de conduire, à travers les luttes populaires, à sa réalisation.

Lizette Jalbert: Unité et tendance
à l'éclatement

Ma réponse au texte de Roch Denis prendra la forme
de fragments plutôt que d'un exposé systématique. Ayant
choisi de réagir sur plusieurs aspects des questions soule-
vées, une telle présentation s'imposait.

1) Quant au caractère petit-bourgeois que reflètent les
analyses des intellectuels nationalistes québécois, on peut
être d'accord avec Roch Denis pour dire que ces analyses
marquent davantage l'influence de la bourgeoisie sur la
petite bourgeoisie que sur la classe ouvrière. Comment
expliquer ce système particulier d'emprunt? Pour ma part,
je dirais qu'il tient justement au rôle très important qu'a
joué la petite bourgeoisie dans la vie politique québécoise.
Instruite, tout particulièrement homogène sur le plan ethnique, la petite bourgeoisie possède une longue expérience de
classe régnante à partir de laquelle elle a conquis une position politico-idéologique considérable. C'est ainsi que les
agents petits-bourgeois, membres de la classe politique,
n'ont pas cherché à se reproduire en tant que petits-
bourgeois mais ont plutôt tenté d'accéder à la bourgeoisie à
travers les appareils d'État qui leur servaient de tremplin.
Une telle position n'a pu que conditionner leur perméabilité
à l'influence bourgeoise. Posons l'hypothèse que les intellectuels nationalistes québécois ont traduit à travers leurs
analyses cette expérience complexe du pouvoir propre à leur
classe.

2) À propos des tendances structurelles contradictoires qu'accuse l'État canadien, levons d'abord une ambiguïté. En ce qui me concerne, je n'utilise pas l'expression tendance structurelle au sens d'institutionnelle. Tendance structurelle signifie pour moi, tendance profonde qui affecte l'ensemble des rapports sociaux. Je crois lire à travers la critique de Roch Denis une interprétation plus institutionnaliste. Deuxièmement, si je parle des régionalismes, je parle nécessairement de résistance au phénomène de la centralité, ce qui peut laisser l'impression que j'insiste davantage sur la tendance à l'éclatement de l'État plutôt que sur la tendance à la centralisation. Je reste persuadée cependant que la prédominance de l'une de ces tendances sur l'autre n'est pas une question à laquelle on peut répondre une fois pour toutes mais qu'elle dépend de la conjoncture, donc de la configuration du rapport de force dans une société à une période donnée. Dans le contexte actuel de crise, je suis bien d'accord que l'on assiste au renforcement du procès de centralisation et que si on peut parler de crise de l'État canadien, elle vient de la difficulté à mettre en place les moyens appropriés à la stratégie centralisatrice.

Concernant les rapports du régionalisme à l'État, je n'irais pas non plus jusqu'à dire qu'ils soient univoques au sens où le régionalisme entraînerait forcément l'éclatement de l'État. J'en suis même à me demander si dans le contexte actuel la mise en crise des structures et du pouvoir étatiques sous l'effet du régionalisme dans les États modernes, en donnant au pouvoir politique le prétexte pour intervenir, n'aurait pas eu pour conséquence la production de mécanismes d'épuration du système. Utilisant la présence et l'action des mouvements régionalistes comme facteurs de déstabilisation temporaire, le pouvoir ne se serait-il pas trouvé à récupérer à son profit les éléments de crise, à les transformer artificiellement en contrôlant le dérapage causé par la crise? Malgré eux, les mouvements régionalistes n'auraient-ils pas de la sorte contribué à l'établissement de politiques allant à l'encontre de leurs propres revendications minimales de décentralisation? Bien plus, n'auraient-ils pas créé l'occasion d'orchestrer une nouvelle politique centralisatrice, difficilement praticable en d'autres circonstances à cause de la méfiance qu'elle aurait suscitée? Je crois donc qu'on peut s'interroger afin de savoir jusqu'où les États modernes peuvent (ou ont intérêt quelquefois à), supporter en leur sein ce que l'on pourrait appeler ces difformités politiques que sont les régionalismes. Allons plus loin. Si toute fissuration de la formation sociale nationale ne peut être considérée comme atypique et remettant en cause l'unité nationale, la question qui s'impose serait de connaître le seuil au-delà duquel le pouvoir se trouve contraint de réagir pour la mater.

Un troisième point en ce qui a trait aux facteurs rendant compte de la tendance à l'éclatement de l'État canadien. Roch Denis a raison de considérer que ce ne sont pas les institutions fédératives en elles-mêmes, de par leur logique intrinsèque, qui poussent à l'éclatement de l'État. Ces dernières n'en constituent pas moins des limites formelles au fonctionnement étatique bourgeois en ce sens qu'elles posent déjà par leur forme même la potentialité de décalage et d'incohérence entre les niveaux institutionnels de l'appareil de l'État. Par contre, la forme fédérative de l'État canadien comporte des limites réelles vis-à-vis la constitution de l'unité du pouvoir bourgeois. En effet, cette forme, en ayant pour caractéristique de disperser les lieux d'organisation et de représentation de la classe dominante, multiplie les contradictions au sein de ce pouvoir et devient source de son éventuel affaiblissement. C'est à ce niveau principalement que la tendance à l'éclatement de l'État se concrétise en rendant spécialement fragile et instable le compromis d'alliance sur lequel se fonde l'État.

3) J'aimerais préciser que lorsque j'utilise le terme régionalisme dans son sens général, il réfère à deux aspects combinés de la réalité sociale. Il s'agit, d'une part, du régionalisme entendu comme mode de structuration d'un espace. En tant que phénomène qui renvoie aux structures sociales, la production de la région concerne l'ensemble des rapports

sociaux, lesquels dans leur spatialisation tracent un espace spécifique. D'autre part, le régionalisme s'entend également comme mouvement social. Sous cet aspect, il renvoie aux procès d'affirmation d'une collectivité ainsi qu'à la prise en charge de ses intérêts.

4) Quant à ce que Roch Denis considère comme étant l'acquis principal de cet ouvrage, à savoir l'unicité de l'État canadien et de la lutte des classes dans ce pays, je me permettrai de diverger d'opinion. Cet aspect de la problématique peut paraître dominant à première vue dans la mesure où toutes les contributions présentées ici se démarquent d'une conception segmentée de la réalité sociale canadienne et québécoise: la figure des deux entités distinctes. Cependant, il faut insister sur le fait que face à cette unicité, sont mis de l'avant les divisions, les régionalismes, bref le contraire de l'unicité. À mon avis, si originalité il y a dans le travail que nous avons mené, elle réside justement dans cet effort constant de redéployer une approche dialectique par rapport à l'ensemble des phénomènes abordés. Ainsi, ce n'est pas un hasard si Roch Denis lui-même s'est attardé au caractère paradoxal du fédéralisme et du régionalisme sur lequel plusieurs d'entre nous avons insisté. En effet, ce que ces analyses mettent à jour, ce sont les tendances contradictoires qui traversent ces deux phénomènes.

Tendances contradictoires que l'on peut considérer comme structurelles sans pour autant leur accoler de manière mécanique une orientation définitive. De sorte que, selon le type de composition du rapport de force, telle tendance prendra le pas sur l'autre sans toutefois l'annuler.

Gilles Bourque et Jules Duchastel:
Le fédéralisme canadien

Les remarques critiques de Roch Denis concernant notre contribution à ce recueil suscitent un ensemble de questions d'ordre théorique et pratique auxquelles il serait difficile de répondre exhaustivement dans un cadre aussi limité. Nous nous attacherons donc à l'essentiel.

Soulignons d'abord que Roch Denis a surtout retenu pour les fins de sa critique les quelques paragraphes de notre texte consacrés à la formation de l'État canadien. Rappelons à l'évidence que nous n'avions nullement l'intention de proposer dans ces quelques lignes une analyse systématique de l'histoire de la formation de la Confédération. Nous n'y recherchions que des éléments pour l'analyse de la particularité de la constitution des blocs sociaux au sein de la formation sociale canadienne, éléments nous permettant de développer une problématique plus adéquate à notre objet de recherche: le bloc social régional-national duplessiste. Il ne s'agira donc pas de nous engager ici dans un débat historiographique dont les conditions minimales ne sont même pas posées. Nous situerons donc le débat au plan théorique, là seulement où il nous semble pouvoir être placé.

Est-il besoin de le souligner, la critique de Roch Denis relève d'une conception de la théorie marxiste que nous ne partageons pas. Cette conception le conduit à opérer sur notre texte une série de glissements de sens qui lui permettent de nous «rappeler» la lutte des classes, alors qu'il nous

semblait bien l'avoir placée au coeur de notre problématique. Mais comment peut-on ainsi lire l'oubli là ou d'autres
verront pleine présence et pratique marxiste conséquente? À
partir d'une conception différente de cette même théorie.

Nous avons écrit que la création de la formation
sociale nationale s'analyse en fonction du procès d'hégémonisation bourgeoise et, qu'à ce titre, elle correspond à la formation d'un nouveau bloc historique. C'est en fonction de
cette problématique générale que nous avons tenté de faire
ressortir les particularités de la formation sociale canadienne en insistant plus particulièrement sur les conditions
qui ont conduit à l'adoption de la forme de régime fédérale.
Puisque là nous semblait l'essentiel, nous avons alors
insisté, pour comprendre la particularité canadienne de
cette forme de régime, sur la division initiale des colonies du
British North America, sur l'absence d'adversaire refusant
la libération nationale et la création de l'État canadien, ainsi
que sur l'absence de mouvement de masses poussant à la
formation de cet État. Roch Denis nous oppose les considérations suivantes, négligeant de s'engager dans la discussion
du premier élément d'analyse (la division des colonies): il
n'y eut pas de mouvement de masses parce que la bourgeoisie n'en a pas voulu; la bourgeoisie canadienne n'a pas
enclenché de lutte de libération nationale; la forme du
régime résulta surtout de la volonté de la bourgeoisie de divi-
ser les masses.

Passons rapidement sur les ambiguïtés de lecture.
Nous n'avons jamais prétendu que la formation de l'État
canadien s'analysait comme une lutte de libération nationale. Au contraire, nous cherchions plutôt à souligner que,
à l'encontre de l'exemple américain où un adversaire (la
métropole anglaise) s'opposait à un mouvement de libération nationale (le peuple dirigé par la bourgeoisie), il n'y eut
rien de tel au Canada, c'est-à-dire ni mouvement de masses
initiant la libération nationale, ni puissance coloniale refusant la création d'un nouvel État. Allons plutôt à l'essentiel,
qui touche à la conception des rapports de classes. Pour

Roch Denis, il n'y eut pas de mouvement de masses principalement parce que la bourgeoisie n'a pas voulu de ce qui «risquait de provoquer la révolution». Cette bourgeoisie, essentiellement réactionnaire, s'est donnée un «instrument», l'État canadien, dont la forme, le fédéralisme, a joué le «rôle d'écran» et qui reposait sur des bases «entièrement réactionnaires et illégitimes». Bref, la formation de l'État canadien ne correspond pas au modèle de la révolution démocratique bourgeoise.

Nous ne croyons pas que l'histoire s'analyse ainsi comme le résultat des projets, réactionnaires ou progressistes, d'une classe-sujet se donnant un instrument, l'État, qu'elle pourrait modeler à sa guise. Ainsi l'absence de mouvement de masses ne résulte certes pas de la volonté de la bourgeoisie, mais des conditions historiques dans lesquelles sont plongées les classes dominées. Il nous faut d'abord et avant tout comprendre pourquoi les masses populaires ne sont pas intervenues davantage dans la création de l'État canadien. Cette histoire reste à faire. Nous avons avancé la thèse de la division des colonies du British North America: les conditions permettant la formation d'un tel mouvement de masses pan-canadien ne sont précisément pas présentes. Bien sûr, il n'est pas inintéressant de souligner qu'en de telles circonstances la bourgeoisie de Montréal et de Toronto n'a pas cru bon susciter un mouvement dont elle n'avait pas besoin, puisque l'État métropolitain était favorable à la création d'un État canadien encore lié à la mère patrie. Elle risquait précisément que cet État ne soit jamais créé car, au Québec par exemple, comme ce fut le cas en 1867, les mouvements sociaux se seraient probablement orientés vers la création d'un État québécois. Il n'en demeure pas moins que si ce mouvement avait existé, la bourgeoisie aurait dû composer avec les forces populaires. La nature des structures politiques en aurait été profondément différente. La volonté ou le caractère plus ou moins réactionnaire de la bourgeoisie n'est donc pas pour nous l'élément fondamental de l'analyse. Nous avons tenté de montrer que la particu-

larité du régime fédéral résulte plutôt de la nature des rapports de forces et, qu'en l'absence d'un tel mouvement de
masses, il fallait souligner le poids des forces sociales dominantes au sein des différentes colonies, lesquelles pouvaient
précisément s'appuyer sur des blocs sociaux déjà constitués.
En ce sens, l'effet de division reproduit par la forme de
régime fédéral ne résulte pas d'une volonté plus ou moins
machiavélique ou plus ou moins parfaitement programmée
de tromper les masses.

Roch Denis centre finalement son analyse sur la seule
idéologie réactionnaire de la bourgeoisie canadienne qui
expliquerait le fait que la formation de l'État canadien ne
correspondrait pas au modèle de la révolution démocratique
bourgeoise. Or, il nous semble que la théorie du modèle
n'est guère adéquate en cette matière comme en bien d'autres. Il serait ainsi assez facile de montrer que ce modèle est
finalement relativement rare, la bourgeoisie ne s'appuyant
sur les masses populaires (États-Unis, France) que lorsqu'elle y a été condamnée. Que la bourgeoisie canadienne
ait été conservatrice, nul ne saurait en douter. Mais cela ne
devrait pas nous amener à nier le fait que l'État canadien
présente tous les traits fondamentaux de l'État démocratique bourgeois, c'est-à-dire ceux d'un état de droit et d'un
État démocratique fonctionnant à la souveraineté nationale
populaire (parlementarisme).

Nous terminerons par quelques remarques. Roch
Denis reprend nos propositions sur les difficultés de la création d'un bloc social pan-canadien pour nier l'existence
d'une nation canadienne. Nous ne le suivons pas sur ce terrain. La formation de la nation au sein de la formation
sociale nationale résulte d'un processus historique. La
nation canadienne restait à faire en 1867. Si, après plus d'un
siècle, il n'est pas apparu une seule et même nation canadienne effaçant toutes les autres formes de communauté, il
s'est bien formé une nation canadienne (anglaise) à côté des
nations québécoise, acadienne et des tribus amérindiennes
et inuites (qui tendent elles-mêmes de plus en plus à se repré-

senter comme des nations). Que cette nation canadienne
(anglaise) présente des problèmes d'intégration et d'identité
qui résultent précisément de la particularité de la constitution des blocs sociaux dans ce pays, c'est l'évidence même.
Mais nous voyons mal comment on pourrait nier son existence.

Roch Denis tend manifestement à minimiser la division générée par la forme du régime. On connait l'insistance
que mettent certains courants historiographiques à souligner que les «Pères de la Confédération» ne croyaient con-
céder aux provinces que des pouvoirs marginaux. Outre le
fait que ces pouvoirs sont devenus importants au vingtième
siècle et que cela démontre encore une fois à quel point il
faut se méfier de la volonté des acteurs, il nous importe surtout de souligner que cette position repose sur une vision
économiste de la Confédération. En réduisant ainsi le débat
à la question de la plus ou moins grande centralisation des
pouvoirs économiques, on néglige l'importance de la provincialisation des pouvoirs reliés à l'hégémonie et les profonds effets de division qui sont ainsi dès le départ inscrits
dans l'État canadien.

Roch Denis oppose la lutte des classes à ce qu'avec
d'autres auteurs nous avons appelé la tendance structurelle
à l'éclatement. Pour faire bref, nous nous contenterons de
citer Gilles Bourque et Anne Legaré qui écrivent: «Il faut
expliquer la nature structurelle de la tendance à l'éclatement
de ce pays, où la reproduction mille fois repétée des mêmes
conflits (centralisation-décentralisation) ne débouche
jamais d'elle-même ni sur un éclatement effectif ni sur une
réorganisation techniquement satisfaisante des institutions.
L'histoire spécifique de la lutte des classes nous a semblé
l'élément d'explication le plus éclairant des caractéristiques
fondamentales de l'État canadien (*Le Québec, la question
nationale, op. cit.* p. 215).

Nous ne saurions cependant terminer sans souligner
notre accord avec Roch Denis lorsqu'il affirme que les luttes
des classes ouvrières et populaires au Québec doivent se

développer en liaison avec celles des forces progressistes dans l'ensemble canadien. Nous croyons en effet que la lutte pour l'indépendance du Québec doit s'inscrire dans un mouvement de masses impliquant les minorités ethniques et les collectivités amérindiennes et inuites et entretenant des rapports suivis avec les forces populaires dans le reste du Canada.

Notes

L'analyse socio-politique de la société québécoise: bilan et perspectives

1 Marcel Rioux, *La question du Québec,* Montréal, Parti Pris, 1977, p. 233.

2 C'est ainsi, par exemple, que l'historien Maurice Séguin suggère implicitement une mise en situation du fait québécois à travers l'historicité de l'idée d'indépendance; idée qui, il va de soi, implique la lutte des Québécois pour leur survie/affirmation et dont il entrevoit l'origine aux lendemains mêmes de la Conquête anglaise. Voir Maurice Séguin, *L'idée d'indépendance au Québec. Genèse et historique,* Trois-Rivières, Boréal Express, collection 1760, 1977; Michel Brunet et, bien entendu Lionel Groulx procèdent à partir des mêmes postulats. Voir en particulier Michel Brunet, *Québec, Canada anglais. Deux itinéraires, un affrontement,* Montréal, Hurtubise HMH, 1968; *La présence anglaise et les Canadiens,* Montréal, Fides, 1954; Lionel Groulx, *Histoire du Canada français,* Montréal, Fides, 1960; *Notre maître le passé,* Montréal, Éditions internationales Alain Stanké, collection 10/10, 1977.

3 Voir Fernand Dumont, «L'étude systématique de la société globale canadienne-française», *Recherches sociographiques,* vol. 3, nos 1-2, janvier-août 1962; «Notes sur l'analyse des idéologies», *Recherches sociographiques,* vol. 4, no. 2, mai-août 1963; «La représentation idéologique des classes au Canada français», *Recherches sociographiques,* vol. 6, no 1, janvier-avril 1965; «Idéologies au Canada français, 1850-1900; quelques réflexions d'ensemble», *Recherches sociographiques,* vol. 10, nos 2-3, mai-décembre 1969. C'est toutefois dans son livre *La vigile du Québec* (Montréal, Hurtubise HMH, collection Constantes, 1971), que Dumont actualise la problématique idéaliste qui sous-tend l'analyse culturaliste. Réfléchissant sur le passé récent du Québec, il s'interroge sur les formes concrètes du

projet collectif des Québécois et de la prise de conscience de leur moi national.

4   Voir Marcel Rioux, «Idéologie et crise de conscience du Canada français», *Cité libre,* no 14, décembre 1955, pp. 9-10.

5   Marcel Rioux et Jacques Dofny, «Les classes sociales au Canada français». *Revue française* de sociologie, vol. 3, no 3, juillet-septembre 1962, p. 290-300.

6   Marcel Rioux, «Conscience ethnique et conscience de classe au Québec», *Recherches sociographiques,* vol. 6, no 1, janvier-avril 1965, p. 24. Souligné par nous.

7   Léon Dion, *La prochaine révolution*, Montréal, Leméac, 1973, p. 61.

8   *Ibid.,* p. 46.

9   Léon Dion, *Nationalismes et politique au Québec,* Montréal, Hurtubise HMH, 1975.

10 Cette façon de voir connaît un rayonnement considérable et inspire plusieurs observateurs outre-frontière. Déjà, il y a quelques années, le politicologue américain Edward Corbett l'adoptait d'emblée dans une étude au titre révélateur de son approche analytique: *Quebec Confronts Canada* (Baltimore, The John Hopkins Press, 1967). Il est on ne peut plus clair pour cet auteur que les relations ethniques constituent l'essentiel du problème politique canadien. Toute l'oeuvre s'ingénie fondamentalement à documenter les rapports entre les francophones et les anglophones dans la sphère socio-politique québécoise et canadienne en mettant spécialement l'accent sur la détermination des Québécois francophones à s'affirmer dans tous les domaines d'activité sociale et économique: «Essentially», écrit-il, «what is taking place in Quebec is a social revolution supported by a dynamic cultural and intellectual renaissance... the Quebecois demands national acceptance of cultural diversity and a free hand to be «master in his own house», (p. VII). Plus récemment et plus près de nous, David R. Cameron exprimait dans la même ligne de pensée ce qu'il conçoit comme la pertinence de l'approche culturaliste: «...there is massive evidence throughout our history to support the view that English-French relations cannot be ignored in any serious attempts to understand the Canadian people and the country's political institutions. The importance of dualism is undeniable, so much so that, if the country flounders in the next few years, il will be the problems between French Canada and English Canada that will have brought it to the ground.» («Dualism and the Concept of National Unity», dans J.H. Redekop (sous la direction de), *Approaches to Canadian Politics,* Scarborough, Prentice-Hall of Canada, 1978, p. 243).

11 P.E. Trudeau, *Le fédéralisme et la société canadienne-française,* Montréal, Éditions HMH, 1967, p. 118. Dans ce livre, voir aussi les deux essais: «La nouvelle trahison des clercs» et «Les séparatistes: des contre-révolutionnaires».

12 *Ibid.,* p. 43.

13   Gilles Lalande, «Le système politique québécois et la dynamique
     fédérale», dans Édouard Cloutier et Daniel Latouche (sous la direc-
     tion de), *Le système politique québécois,* Montréal, Hurtubise
     HMH, 1979, p. 361. Voir aussi Maurice Lamontagne, *Le fédéra-
     lisme canadien,* Québec, Les Presses de l'Université Laval, 1954 et
     Ramsay Cook, *Le Sphynx parle Français,* Montréal, HMH, 1968.
14   Gilles Lalande, *Pourquoi le fédéralisme. Contribution d'un Québé-
     cois à l'intelligence du fédéralisme canadien,* Montréal, Hurtubise
     HMH, collection Constantes, 1972, p. 193-194.
15   Voir en particulier Claude Morin, *Le pouvoir québécois... en négo-
     ciation,* Montréal, Boréal Express, 1972, et *Le combat québécois,*
     Montréal, Boréal Express, 1973.
16   Claude Morin, «L'expérience québécoise du fédéralisme canadien»,
     dans Edmond Orban (sous la direction de), *La modernisation politi-
     que du Québec,* Montréal, Boréal Express, 1976.
17   Voir en particulier Conseil exécutif national du Parti québécois,
     *D'égal à égal, manifeste et propositions concernant la souveraineté-
     association*; Gouvernement du Québec, conseil exécutif, *La nouvelle
     entente Québec-Canada,* Québec, l'Éditeur officiel, 1979; La Com-
     mission constitutionnelle du Parti libéral du Québec, *Une nouvelle
     fédération canadienne,* (papier beige); Jean-Pierre Charbonneau et
     Gilbert Paquette, *L'option,* Montréal, Les Éditions de l'Homme,
     1976; Gérard Bergeron, *L'indépendance oui, mais...,* Montréal, les
     Éditions Quinze, 1977; Claude Ryan, *Une société stable,* Montréal,
     Les Éditions Héritage, 1978; René Lévesque, *Option Québec,* Mon-
     tréal, Éditions de l'Homme, 1968.
18   Parmi ces travaux voir Richard Ares, *Nos grandes options politiques
     et constitutionnelles,* Montréal, Les Éditions Bellarmin, 1972; Jean-
     Louis Roy, *Le choix d'un pays,* Montréal, Leméac, 1978; Edward
     McWhinney, *Quebec and the Constitution, 1960-1978,* Toronto,
     University of Toronto Press, 1979; Donald V. Smiley, *Canada in
     Question,* Toronto, McGraw-Hill-Ryerson, 1980, 3e édition, chapi-
     tre 7 et *The Canadian Political Nationality*, Toronto, Methuen,
     1967, chapitre 3; Jacques Brossard, *L'accession à la souveraineté et
     le cas du Québec,* Montréal, Les Presses de l'Université de Montréal,
     1976.
19   Horace Miner, *Saint-Denis: A French Canadian Parish,* Chicago,
     University of Chicago Press, 1939; Everett C. Hughes, *French
     Canada in Transition,* Chicago, University of Chicago Press, 1943;
     Philippe Garigue, *Études sur le Canada français,* Montréal, Faculté
     des Sciences sociales, Université de Montréal, 1968.
20   C'est à travers quatre articles principaux que Guindon a développé
     son analyse: «The Social Evolution of Quebec Reconsidered», dans
     Marcel Rioux et Yves Martin (sous la direction de), *French Canadian
     Society,* Toronto, Mc Clelland and Stewart, The Carleton Library,
     1964, p. 137-161; «Social Unrest, Social Class and Quebec's Bureau-
     cratic Revolution», *Queen's Quarterly,* vol. 71, été 1964, p. 150-163;
     «Two Cultures: An Essay on Nationalism, Class and Ethnic Ten-

sion», dans R.H. Leach (sous la direction de), *Contemporary Canada*, Durham, N.C., Duke University Press, 1967, p. 35-59; «The Modernization of Quebec and the Legitimacy of the Canadian State», dans Daniel Glenday, Hubert Guindon et Allan Turowetz (sous la direction de), *Modernization and the Canadian State*, Toronto, MacMillan of Canada, 1978, p. 212-247.

21   Guindon, «The Social Evolution...», p. 137.

22   *Ibid.*, p. 154-161.

23   Voir Guindon, «Two Cultures...», p. 45; aussi Guindon, «Social Unrest...», p. 153.

24   Guindon, «Social Unrest...», p. 157; Kenneth McRoberts, «Internal Colonialism: The Case of Quebec», *Ethnic and Racial Studies*, vol. 2, no 3, juillet 1979, p. 293-318.

25   Voir Vera Murray, *Le Parti québécois*, Montréal, Hurtubise HMH, 1976 et John Saywell, *The Rise of the Parti Quebecois*, 1967-1976, Toronto, University of Toronto Press, 1977.

26   Plusieurs faits sont d'ailleurs mis en lumière par ce phénomène principal: la pénétration du syndicalisme dans le secteur étatique et la force socio-politique qu'en a dérivée le mouvement syndical au Québec; le renforcement de la présence de francophones dans des domaines d'activité socio-économique dont ils avaient été exclus jusque là; l'agressivité relative des gouvernements québécois à l'égard d'Ottawa et la dénonciation des politiques linguistiques fédérales pourtant présentées comme mesure de ré-équilibrage de la dualité ethnique au pays. (Voir Guindon, «The Modernization of Quebec...», *op. cit.*).

27   Voir Luc Racine et Roch Denis, «La conjoncture politique québécoise depuis 1960», *Socialisme québécois*, nos 21-22, avril 1971, p. 17-79. Dans sa thèse, Carole Campagna cerne bien les modalités d'intervention de l'État québécois à partir du cas Sidbec; voir *L'interventionnisme étatique. Le cas SIDBEC,* Mémoire de maîtrise (Science politique), Université de Montréal, 1980.

28   Voir en particulier Jacques Brazeau, «Quebec's Emerging Middle Class», dans Rioux et Martin, op. cit., pp. 319-328 et «Les nouvelles classes moyennes», *Recherches sociographiques,* janvier-août 1966, nos. 1-2, p. 151-163; Charles Taylor, «Nationalism and the Political Intelligentsia», *Queen's Quarterly,* vol 72, août 1964; Peter Gourevitch, «Quebec Separatism in Comparative Perspective», dans E.J. Feldman et N. Nevitte (sous la direction de), *The Future of North America: Canada, The United States and Quebec Nationalism,* Cambridge, Harvard Studies in International Affairs, no. 42, p. 237-252.

29   Kenneth McRoberts et Dale Posgate, *Développement et modernisation du Québec*, Montréal, Boréal Express, 1983.

30   Selon l'optique défendue par ces auteurs, le concept recouvre dans sa dimension politique les aspects fondamentaux suivants: accroissement/expansion du rôle et des fonctions de l'État; mobilisation des masses et participation populaire accrue au jeu politique, la popula-

tion cherchant de plus en plus à influencer l'activité gouvernementale. Dans le contexte du Québec contemporain, ces aspects sont, par ailleurs, fonction de facteurs inhérents à l'historicité même de la société québécoise: dépendance économique et politique sur l'Ontario et les États-Unis; division culturelle du travail entre anglophones et francophones à l'intérieur de la structure sociale francophone; présence historique d'une conscience nationale parmi les Québécois d'expression française.

31 McRoberts et Posgate, *op. cit.*, (1983), p. 121.

32 Les contraintes d'espace nous obligent à ne présenter qu'une vue partielle et superficielle de la littérature marxiste. Pour une synthèse plus étoffée, on consultera Robert Vandycke, «La question nationale; où en est la pensée marxiste», *Recherches sociographiques,* vol. 21, nos 1-2, janvier-août 1980, pp. 97-129; Anne Legaré, «Heures et promesses d'un débat: les analyses de classes au Québec (1960-1980)», *Les Cahiers du socialisme,* no 5, printemps 1980, p. 60-84. Pour une critique ponctuelle de quelques ouvrages en particulier, on pourra consulter Philip Resnick, «La gauche et la question nationale», *Revue canadienne de science politique,* vol. 13, no 2, juin 1980, p. 377-388; Charles Halary, «Ouvrages québécois sur la question nationale», *Pluriel,* no. 24, 1980, p. 79-96.

33 Roch Denis, *Luttes de classes et question nationale au Québec, 1948-1966,* Montréal et Paris, Presses socialistes internationales et Études et documentation internationales, 1979, p. 359. Voir aussi André-J. Bélanger, *Ruptures et Constantes,* Montréal, Hurtubise HMH, 1977.

34 Voir Denis Monière, *Le développement des idéologies au Québec des origines à nos jours,* Montréal, Québec-Amérique, 1977, p. 347-348.

35 Jean-Marc Piotte, *Un parti pris politique,* Montréal, VLB Éditeur, 1979, pp. 14-16. Cité par Legaré, *op. cit.,* p. 67.

36 Gilles Bourque, *Classes sociales et question nationale au Québec, 1760-1840,* Montréal, Parti Pris, 1970; aussi avec Nicole Laurin-Frenette, «Les classes et l'idéologie nationaliste au Québec, 1760-1970», *Socialisme québécois,* no 20, 1970; et «La structure nationale québécoise», *Socialisme québécois,* nos 21-22, avril 1971.

37 Bourque et Laurin-Frenette, «La structure nationale québécoise», *op. cit.,* p. 126.

38 Voir Daniel Salée, *Transition, luttes et alliances de classes: une analyse du mouvement révolutionnaire de 1837-38 au Québec,* Mémoire de maîtrise (Science politique), Université de Montréal, octobre 1980, p. 28-39 et p. 241-254. Voir aussi Gérald Bernier, «La structure de classes québécoise au 19ᵉ siècle et le problème de l'articulation des modes de production», *Revue canadienne de science politique,* vol. 14, no 3, septembre 1981, p. 487-518.

39 Voir Monière, *op. cit.,* et aussi *Les enjeux du référendum,* Montréal, Québec-Amérique, 1979. Fernand Ouellet a relevé dans une critique peut-être un peu acerbe la filiation qui existe entre Monière et la tendance marxisante qu'il personnifie, d'une part, et l'historiographie

nationaliste traditionnelle, d'autre part. Il semble en effet que Monière adopte de manière presque acritique les postulats interprétatifs de cette dernière. Voir le compte-rendu de Ouellet sur *Le développement des idéologies au Québec* dans *Histoire sociale/Social History*, vol. 12, no 23, mai 1979, p. 219-224.

40   Monière écrit en effet:
      «Sur le plan idéologique, cette double structure sociale (...) se traduit pour la collectivité dominée par la domination d'une idéologie figée, déterminée par les intérêts d'une classe apathique et rétrograde qui profite de la nouvelle situation coloniale pour imposer un système de valeurs hérité d'une situation historique dépassée, ce qui provoque une accentuation du décalage entre l'idéologie dominante de la structure sociale dominée et la réalité de sa situation concrète.» (*Le développement des idéologies au Québec*, p. 34-35).

41   Monière, *Les enjeux du référendum, op. cit.*, p. 34.

42   Voir en particulier Henry Milner, *Politics in the new Quebec*, Toronto, Mc Clelland et Stewart, 1978; «The decline and fall of the Quebec Liberal regime: contradictions in the modern Quebec state», dans Leo Panitch (sous la direction de), *The Canadian State. Political Economy and Political Power*, Toronto, University of Toronto Press, 1977, p. 101-133; En collaboration avec Sheilagh H. Milner, *The Decolonization of Quebec*, Toronto, McClelland & Stewart, 1973.

43   Gilles Bourque, *L'État capitaliste et la question nationale*, Montréal, Presses de l'Université de Montréal, 1977. Dans ce livre Bourque tente en quelque sorte de systématiser la théorie marxiste sur la question nationale à partir de la conception léniniste de l'État. Les principales critiques qui ont été adressées à Bourque lui reprochaient de réduire la réalité nationale à un phénomène idéologique, comme tenant de l'imaginaire. Bourque reconnaît dans son auto-critique (cf. «La nation», *Cahiers du Socialisme*, no 1, printemps 1978, pp. 187-197) qu'il y a une certaine ambiguïté dans ses formulations et ce, en raison même de l'absence d'un concept de la nation. Il se défend bien toutefois de vouloir créer une adéquation entre question nationale et idéologie et insiste sur le fait que l'analyse de la nation renvoie essentiellement à la lutte des classes.

44   Bourque, «La nation», *op. cit.*, p. 195.

45   *Ibid.*, p. 196.

46   *Ibid.*, p. 196-197.

47   Voir Jacques Mascotto et Pierre-Yves Soucy, *Sociologie politique de la question nationale*, Montréal, Éditions coopératives Albert St-Martin, 1979.

48   Dorval Brunelle, *La désillusion tranquille*, Montréal, Hurtubise HMH, Collection Cahiers du Québec, 1978, p. 14. Le souligné est de nous.

49   C'est en particulier la position défendue par Garth Stevenson, «Federalism and the Political Economy of the Canadian State»,

dans Panitch, *op. cit.*, p. 71-101. Voir aussi du même auteur, *Unfulfilled Union*, Toronto, Gage Publishing, 1979.

50 Dorval Brunelle, «L'intervention de l'État dans l'économie et la question du rapport entre le fédéral et les provinces». *Les Cahiers du Socialisme*, no 1, printemps 1978, p. 79. Souligné dans le texte. Voir aussi du même auteur, «Le contentieux constitutionnel au Québec dans les années soixante», *Les Cahiers du Socialisme*, no 2, automne 1978, p. 164-200.

51 Les principales contributions à ce débat sont les suivantes: Arnaud Sales, «Vers une techno-bureaucratie d'État«, dans François Léonard (sous la direction de), *La chance au coureur,* Montréal, Nouvelle Optique, 1978, p. 25-39; Pierre Fournier, «Projet national et affrontement des bourgeoisies québécoise et canadienne», dans Léonard, *op. cit.,* p. 39-60; Gilles Bourque, «Question nationale et réforme constitutionnelle», dans Léonard, *op. cit.,* p. 193-200; Anne Legaré, «Les classes sociales et le gouvernement du P.Q.», *Revue canadienne de sociologie et d'anthropologie,* vol. 15, no. 2, 1978, p. 218-227; Jorge Niosi, «La nouvelle bourgeoisie canadienne-française». *Les Cahiers du Socialisme,* no 1, printemps 1978, p. 5-51; Gilles Bourque, «La nation», *op. cit.;* Pierre Fournier, «Le parti québécois et la conjoncture économique au Québec», *Politique Aujourd'hui,* nos. 7-8, 1978, p. 69-83; Gilles Bourque, «Le parti québécois dans les rapports de classes», *Politique Aujourd'hui,* nos. 7-8, 1978, p. 83-93; Jorge Niosi, «Le gouvernement du P.Q. deux ans après», *Les Cahiers du Socialisme,* no. 2, automne 1978, p. 32-72; Pierre Fournier, «Les nouveaux paramètres de la bourgeoisie québécoise», dans Pierre Fournier (sous la direction de), *Le capitalisme au Québec,* Montréal, Éditions co-opératives Albert Saint-Martin, 1978, p. 135-183; Gilles Bourque, «Petite bourgeoisie envahissante et bourgeoisie ténébreuse», *Les Cahiers du Socialisme,* no 3, printemps 1979, p. 120-162.

52 De façon générale, on peut distinguer deux pôles d'argument dans ce débat. Le premier, proposé par Pierre Fournier, Gilles Bourque et Anne Legaré, soutient qu'il existe une bourgeoisie québécoise dont les éléments principaux sont encore non monopolistes et qui cherche à travers le P.Q. un instrument d'affirmation politique et de domination sociale. C'est Anne Legaré qui a sans doute le mieux synthétiser l'esprit de cette tendance lorsqu'elle affirme:
...que de faible qu'il est économiquement, le capital non-monopoliste québécois trouve dans la superstructure, question nationale et forme éclatée du pouvoir d'État, les éléments qui le constituent en fraction autonome de classe... c'est-à-dire fonctionnant comme forme sociale, produisant des effets propres, dans la lutte politique sur les autres fractions et classes... Le capital non-monopoliste québécois représente une fraction autonome de la bourgeoisie, c'est-à-dire qu'il fonctionne avec une unité propre et c'est, à mon avis, ce que le P.Q. vient démontrer.

(«Les classes sociales et le gouvernement du P.Q.», *op. cit.*, p. 224). Le deuxième pôle a d'abord été défendu par Arnaud Sales, mais a été ensuite repris et développé par Jorge Niosi. Ceux-ci insistent sur le fait qu'il existe une section francophone de la bourgeoisie canadienne qui, tout comme sa contrepartie anglophone, projette de par ses activités économiques pan-canadiennes, une vision farouchement fédéraliste de la société canadienne. (L'argument reprend ici, en insistant davantage, un des paramètres fondamentaux de la thèse Bourque-Frenette développée au début des années 1970). Le P.Q. apparaît dès lors comme le représentant d'une partie de la petite bourgeoisie traditionnelle, des professions libérales et d'une majorité d'enseignants et de fonctionnaires (petite bourgeoisie technocratique), qui, tous, sont liés à divers degrés, à l'expansion de l'État provincial. Les conclusions politiques auxquelles cette interprétation donne lieu exhortent la classe ouvrière à une stratégie d'alliance avec une partie des revendications de la petite bourgeoisie nationaliste. Ceci, contrairement à la tendance précédente qui débouche sur une dénonciation du P.Q. — Parti Québécois, parti bourgeois!

53   Gilles Bourque et Anne Legaré, *Le Québec. La question nationale,* Paris, Maspero, 1979.

54   *Ibid.,* p. 220.

55   Voir Lizette Jalbert, «Régionalisme et crise de l'État», *Sociologie et Sociétés,* vol. 12, no 2, octobre 1980, p. 65-72.

56   *Ibid.,* p. 65-66.

57   Gérard Boismenu, *Le duplessisme,* Montréal, Presses de l'Université de Montréal, 1981.

58   Alain Lipietz, *Le capital et son espace,* Paris, Maspero, 1977.

L'État fédératif et l'hétérogénéité de l'espace

1   Gilles Bourque et Anne Legaré, (*Le Québec, la question nationale.* François Maspero, p.c.m., 1979, p. 122 à 131) parlent brièvement de la «spécificité régionale de l'articulation des modes de production». La discussion qui suit cette riche intuition, garde cependant un caractère approximatif. Il m'est permis de penser que leurs travaux en cours iront plus loin sur ce qui n'était là qu'embryonnaire.

2   Soulignons au passage qu'une compréhension erronée de la question nationale au Canada a donné lieu à des analyses axées sur un dédoublement de structures (Canada/Québec) qui, à toutes fins pratiques, s'excluent mutuellement. Et particulièrement, on pourra parler de l'impérialisme canadien au Québec, voir S. Moore et L. Wells, *Imperialism and the National Question in Canada,* 1975, p. 87-89; C. Saint-Onge, *Impérialisme U.S. au Québec,* Thèse de doctorat, Paris VIII, 1975; D. Monière, *Le développement des idéologies au Québec.* Québec/Amérique, 1977.

3   Notamment: G. Stevenson, «Federalism and the political economy of the Canadian State», dans *The Canadian State, Political Economy and Political Power,* Leo Panitch (editor), University of Toronto Press, 1977, p. 71 à 100; A. Dubuc, «Les fondements historiques de la crise des sociétés canadienne et québécoise», *Politique aujourd'hui,* nos 7-8, 1978, p. 29 à 53.

4   Par exemple, Henry Milner ainsi que G. Bourque et N. Laurin-Frenette, qui ont produit des analyses pertinentes à plus d'un titre, surestiment et exagèrent le rôle et la place de la petite bourgeoisie dans les rapports politiques et, particulièrement, au sein de l'État. Bourque et Légaré (*op. cit.*), sont parfois enclins à donner à la bourgeoisie non monopoliste le rôle dévolu traditionnellement à la petite bourgeoisie, tout en sous-estimant la place de la grande bourgeoisie canadienne. *Politics in the New Quebec,* McClelland and Stewart, 1978; «Classes sociales et idéologies nationalistes au Québec (1960-1970)», *Socialisme québécois,* no 20, p. 109-155.

5   A. Lipietz, *Le capital et son espace.* François Maspero, «Économie et socialisme», 1977, p. 90.

6   A. Dubuc, «Une interprétation économique de la constitution», *Socialisme 66,* no. 7, janvier 1966, p. 4 à 13; S.-B. Ryerson, *Le capitalisme et la confédération,* Parti Pris, 1972, p. 307 à 426; R.T. Naylor, «The rise and fall of the third commercial empire of the St-Lawrence», dans *Capitalism and the National Question in Canada,* University of Toronto Press, p. 1 à 41; G. Stevenson, *Unfulfilled Union,* Macmillan of Canada, 1979, p. 27 à 49; Jn.-C. Bonenfant, «Les origines économiques et les dispositions financières de l'Acte de l'Amérique du Nord Britannique de 1867», dans *L'économie québécoise,* Rodrigue Tremblay (sous la direction de), P.U.Q., 1976, p. 194 à 208; G. Bourque et A. Legaré, *op. cit.,* p. 73 à 109.

7   N. Poulantzas, *L'État, le pouvoir, le socialisme,* PUF, «politiques», 1978, p. 110-118, P. Allis, *L'invention du territoire, PUG,* «critique du droit», 1980.

8   A. Lipietz, *op. cit.,* p. 28 sq.. «Espace» désigne dans le présent texte une articulation de rapports sociaux spatialement matérialisés. Il ne faut donc pas confondre avec l'utilisation de la notion d'«espace» faite par G. Bourque dans un récent texte. En effet, dans ce texte, la notion d'«espace» est comprise comme synonyme de champ ou de base d'accumulation spécifique à une couche ou fraction de la bourgeoisie. Cf. «Petite bourgeoisie envahissante et bourgeoisie ténébreuse», *Les Cahiers du socialisme,* no 3, printemps, 1979, p. 138-139.

9   A. Lipietz, *op. cit.,* p. 30-53. Pour le Québec, voir mon ouvrage *Le Duplessisme; politique économique et rapports de force,* PUM, 1981, p. 235-260, et D. Perreault, *Intégration capitaliste en agriculture québécoise et structure de classes en milieu rural.* Thèse M.Sc., Université de Montréal, Science politique, 1981.

10 F. Caillet, B. Denni et P. Kukawka, «Espaces et politique; éléments de recherche sur la région Rhône-Alpes», dans: en collaboration, *Espace et politique, 1. la région dans la dynamique de la formation française,* Centre de recherche sur l'administration économique et l'aménagement du territoire (CERAT), Grenoble, p. III-3-III-99; A. Lipietz, *op. cit.,* p. 82-101; A. Lipietz, *La dimension régionale du développement du tertiaire.* CEPREMAP (Paris), «série des tirés à part», no 48, 1978, p. 65-127.

11 *Ibid.;* J. Lafont, D. Leborgne et A. Lipietz, *Redéploiement industriel et espace économique: une étude intersectorielle comparative.* CEPREMAP (Paris), 1980, p. 54-63; B. Jobert, «Ville et reproduction des différences sociales». B. Jobert et C. Gilbert, *Système scientifique et développement urbain,* CERAT (Grenoble), 1976, p. 36-138.

12 A. Sales, «Système mondial et mouvements nationaux dans les pays industrialisés: l'exemple Québec-Canada», *Sociologie et sociétés,* vol. XI, no. 2, octobre 1979, p. 69 à 94; voir notamment ma communication: *Notes pour l'analyse de la politique économique dépendante dans l'État fédératif canadien.* Colloque Stratégies industrielles pour le développement, Université de Montréal, 1979; G. Stevenson, «Canadian Regionalism in Continental perspective», *Revue d'études canadiennes,* vol. XV, no. 2, été 1980, p. 16-28; P. Marchak, «The Two Dimensions of Canadian Regionalism», *ibid.,* p. 88-97.

13 A. Lipietz, *Sur la question régionale en France,* CEPREMAP (Paris), «série des tirés à part», no 47, p. 65.

14 A. Lipietz, *Le capital et son espace, op. cit.,* p. 135-138.

15 Voir des études fort instructives pour la France: P. Vieille et E. Gilbert, «Espace et politique en Languedoc, de la viticulture aux institutions régionales» et F. Caillet, B. Denni et P. Kukawka, «Espace et politique: éléments de recherche sur la région Rhône-Alpes», collectif, *Espace et politique; 1. La région dans la dynamique de la formation française, op. cit.,* p. 11-44-11-119 et III-89-III-178; A. Liepietz, *Le capital et son espace, op. cit.,* p. 143-148, 159-163; R. Dulong, «La crise du rapport État/Société locale vue au travers de la politique régionale», dans N. Poulantzas (sous la direction de), *La crise de l'État,* PUF, «politiques», 1978, p. 124-152.

16 P. Vieille et E. Gilbert, *op. cit.,* p. 11-118-11-137; F. d'Arcy et C. Gilbert, «L'espace du capital et le remodelage des institutions», dans le même collectif que précédemment, p. 1-14-1-27.

17 R. Parenteau, «Les problèmes du développement régional dans un État fédératif, l'expérience canadienne», *Revue d'économie politique,* vol. LXXIII, no. 2, mars-avril 1963, p. 161 à 222; T.N. Brewis, «Regional Development», *Canadian Economic Policy,* Macmillan Co., 1965, p. 316-327; B. Bonin, «Répartition régionale des investissements depuis la guerre», *L'Actualité économique,* vol. XXXV, no. 4, janvier-mars 1960, p. 566-595; P. Harvey, «Conjoncture et structure: les perspectives spatiales du plein-emploi au Canada»,

L'Actualité économique, vol. XXIX, janvier-mars 1954, no. 4; Conseil économique du Canada, *Vivre ensemble. Une étude des disparités régionales.* Approvisionnement et Services Canada, 1977, 268 p.

18 P.-Y. Villeneuve, «Classes sociales, régions et accumulation du capital», *Cahiers de géographie de Québec,* vol. XXII, no. 56, septembre 1978, p. 159-172; P.-Y. Villeneuve, «Disparités sociales et disparités régionales: l'exemple du Québec», *Cahiers de géographie de Québec,* vol. XXI, no 52, avril 1977, p. 19-32; J.-L. Klein, «Du matérialisme historique aux inégalités régionales: le cas de la région de Québec» *Cahiers de géographie de Québec,* vol. XXII, no 56, septembre 1978, p. 173-187; S. Côté et B. Lévesque, *L'envers de la médaille: le sous-développement régional.* Communication présentée à l'ACFAS, 14 mai 1980, 34 p.; F. Harvey, «La question régionale au Québec», *Revue d'études canadiennes,* vol. XV, no 2, été 1980, p. 74-87; S. Côté, «Enjeux régionaux et luttes pour le pouvoir», *Les Cahiers du socialisme,* no. 4, automne 1979, p. 202-211.

19 G. Boismenu, *Les classes et l'oppression nationale au Québec.* Communication présentée au XIVe Congrès latino-américain de sociologie, Puerto Rico, octobre 1981, 22 p.

20 C.J. Friedrich, *Tendances du fédéralisme en théorie et en pratique.* Institut belge de science politique, 1971, p. 15 à 92.

21 Voir note 6; ainsi que: A. Faucher, *Histoire économique et unité canadienne,* Fides, 1970, p. 11 à 29; M. Lamontagne, *Le fédéralisme canadien,* P.U.L., 1954, p. 7-16; F.R. Scott, *Essays on the Constitution,* University of Toronto Press, 1977, p. 251 à 260; R. Arès, *Dossier sur le Pacte fédératif de 1867,* Éditions Bellarmin, p. 223 à 250.

22 G. Stevenson, «Federalism and the Political economy of the Canadian State», *op. cit.*

23 A. Dubuc, «Les fondements historiques de la crise des sociétés canadienne et québécoise», *op. cit.*

24 *Le développement des idéologies au Québec,* Québec-Amérique, 1977, p. 296: «Les contrats gouvernementaux et le patronage renflouaient la petite bourgeoisie en concurrence inégale avec les monopoles, dont le développement était favorisé par le gouvernement fédéral et, aussi, paradoxalement, par l'Union nationale qui soutenait les intérêts américains contre les intérêts canadiens-anglais».

25 Cette conception n'est pas propre aux auteurs canadiens et québécois; on la retrouve même pour l'analyse d'un État unitaire tel que la France. Les études de Dulong, déjà citées, en témoignent éloquemment. Lipietz fait ressortir cet aspect quand il insiste sur le fait que les «classes dominantes locales... font bien aussi partie du «bloc au pouvoir» de l'État national» et que Dulong «sous-estime la participation au Pouvoir central des Fractions Hégémoniques Régionales». *Sur la question régionale en France, op. cit.,* p. 66-67. On comprendra, que dans le cas de l'État unitaire comme dans celui de l'État fédératif, cette conception graduée est l'effet de l'application d'une problématique mécaniste instrumentale de l'État.

26   G. Boismenu, *Le duplessisme; politique économique et rapports de force, op. cit.,* p. 29-47 et 81-84; J. Niosi, *La bourgeoisie canadienne,* Boréal Express, 1980; W. Clement, *Continental Corporate Power,* McClelland and Stewart, 1977.

27   E. Balibar, *Cinq études du matérialisme historique,* François Maspero, «théorie», 1974, p. 90-101.

28   Les effets de classes de l'accumulation du capital, de la reproduction élargie du capital, de l'intégration des formes dominées, du développement du sous-développement, de l'oppression nationale, etc.

29   La forme fédérative consacre et provoque l'expression politique de la différenciation régionale de l'émergence et de l'organisation des contradictions. Au Canada, ce fait est accentué car des «agents» majeurs d'intégration (tels que les partis politiques) se sont avérés inefficaces et les institutions du niveau central ont été difficilement perméables aux «intérêts régionaux», T.A. Levy, «Le rôle des provinces», dans *Le Canada et le Québec sur la scène internationale.* CQRI/PUQ, 1977, p. 109 à 145; Commission de l'unité canadienne, *Se retrouver,* Ministère des Approvisionnements et services Canada, 1979, p. 11 à 33; R. Boily, «Les États fédéralistes et pluralistes, le cas canadien: processus de fédéralisation en éclatement», *Czasopismo Prawno-Historyczne,* vol. XXXII, no. 1, 1980; G. Stevenson, *Unfulfilled Union, op. cit.,* p. 183-195; D.V. Smiley, «The structural problem of Canadian federalism», *Administration publique du Canada,* vol. XIV, no. 3, 1981, p. 326 à 343; L. Jalbert, «Régionalisme et crise de l'État», *Sociologie et sociétés,* vol. XII, no 2, 1980, p. 66-72.

30   Je garde sous silence ici des sources de conflits qui ne prennent un sens qu'en rapport aux contradictions fondamentales, même si, sur le plan de l'événementiel, elles peuvent sembler au premier plan: partis politiques, intérêts institutionnels, statut et compétition intergouvernementale, mécanismes administratifs et chevauchements, et communication. R. Simeon, *Federal-Provincial Diplomacy,* University of Toronto Press, 1972, p. 184 à 196; G. Stevenson, *Unfulfilled Union, op. cit.,* p. 184-185, 195-203; G. Veilleux, *Les relations intergouvernementales au Canada et au Québec,* P.U.Q., 1977, p. 399 à 425; D.V., Smiley, «Canadian Federalism and the Resolution of Federal Provincial Conflict», dans *Contemporary Issues in Canadian Politics.* F. Vaughen, P. Kyba et O.P. Dwivedi (editors), Prentice Hall of Canada Ltd., 1970, p. 48 à 66; E. Gallant, «The Machinery of Federal-Provincial Relations: I», dans *Canadian Federalism: Myth of Reality,* J.P. Meckison (editor), Methuen, p. 287 à 298; R.M. Burns, «The Machinery of Federal-Provincial Relations: II», dans *Ibid.,* p. 298 à 304; R. Schultz, «The Regulatory Process and Federal-Provincial Relations», dans *The Regulatory Process in Canada.* G. Bruce Doern (editor), Macmillan Co. of Canada, 1978, p. 128 à 146; G. Julien et M. Proulx, *Le chevauchement des programmes fédéraux et québécois,* ENAP, 1978, 64 p.; V. Lemieux,

«Québec contre Ottawa: Axiomes et jeux de la communication», *Études internationales,* 1978, p. 323 à 336.

31 G. Boismenu, «Vers une redéfinition des lieux d'exercice du pouvoir d'État au Canada, *Cahiers d'histoire,* vol. II, no 1, 1981, p. 11-30.

32 La nécessité d'une politique régionale élaborée et mise en oeuvre au niveau provincial de l'État n'apparaît pas avec une égale évidence. La marginalisation des Provinces de l'Atlantique par rapport au développement du Canada amène les gouvernements de ces Provinces à considérer que leur propre force ne peut être qu'à la mesure de la force et de la capacité d'intervention du gouvernement central. Cf. R. Simeon, *op. cit.,* p. 163 à 165. Cependant, concurremment au gouvernement du Québec qui réanime le C.O.E.Q. au début des années 1960, six des neuf autres gouvernements provinciaux, (dont le Nouveau-Brunswick et la Nouvelle-Écosse), se dotent, chacun, de 1962 à 1965, d'un organisme consultatif pour élaborer une politique économique interventionniste plus consistante. H.E. English, «Economic Planning in Canada», *Canadian Economic Policy.* Macmillan Co. of Canada Ltd., 1965, p. 358 à 375.

33 G. Bourque, *L'État capitaliste et la question nationale,* PUM, 1977, notamment p. 115-116. L'État fédératif canadien dans son organisation et son fonctionnement plus que séculaire aussi bien que dans la réforme récente de quelques-uns de ses principes et institutions, illustre bien le présent énoncé. Cf. mes analyses: avec A.-J. Bélanger, «Les propositions constitutionnelles: sens et portée», dans *Québec: un pays incertain,* Québec/Amérique, 1980, p. 225-256; «Vers une redéfinition des lieux d'exercice du pouvoir d'État au Canada», *op. cit.,* p. 15-28.

La question régionale comme enjeu politique

1 Qu'on se réfère à tout le courant historiographique développé autour de la thèse laurentienne avec H.A. Innis, W.A. Mackintosh, D.F. Creighton et F. Ouellet et on a déjà un aperçu de cette vision idyllique du développement économique et social du Canada.

2 On aura un exemple parfait de ce type d'analyse socio-politique chez les politologues F.C. Engelmann et M.A. Schwartz, *Political Parties and the Canadian Social Structure,* Prentice-Hall of Canada, Scarborough, 1967. Rappelons également qu'au cours des années 1930, alors qu'éclate le régionalisme de l'Ouest, le Rapport Rowell-Sirois prend acte du phénomène de balkanisation du Canada: *Commission royale d'enquête sur les relations entre le Dominion et les provinces,* Imprimeur du Roi, Ottawa, 1940.

3 Pour une analyse du concept de crise se référer à l'article de Nicos Poulantzas, «Les transformations actuelles de l'État, la crise politique et la crise de l'État» in Nicos Poulantzas dir., *La crise de l'État,* PUF, Paris, 1976.

4   Il s'agit principalement de l'école historique de Montréal dont le principal représentant est encore Michel Brunet, *Québec, Canada anglais. Deux itinéraires, un affrontement,* Hurtubise HMH, Montréal, 1968.

5   Gilles Bourque, «Petite bourgeoisie envahissante et bourgeoisie ténébreuse», *Les cahiers du socialisme,* no 3, printemps 1979.

6   Gilles Bourque, *Classes sociales et question nationale au Québec, 1760-1840,* Éditions Parti Pris, Montréal, 1970; Marcel Rioux et Jacques Dofny, «Conscience ethnique et conscience de classe au Québec, *Recherches sociographiques,* vol. 6, no. 1, janvier-avril 1965; Garth Stevenson, «Federalism and the Political Economy of the Canadian State in Leo Panitish ed., *The Canadian State: Political Economy and Political Power,* University of Toronto Press, Toronto and Buffalo, 1977. Nous empruntons l'idée du pouvoir étagé à Gérard Boismenu qui emploie l'expression «conception graduée de l'État»: Gérard Boismenu, *Le duplessisme,* Les Presses de l'Université de Montréal, Montréal, 1981.

7   Cette proposition de même que les deux suivantes qui se retrouvent dans le présent texte ont connu un début d'élaboration à l'occasion d'une communication faite en collaboration: Lizette Jalbert, Jean-Guy Lacroix, Benoit Lévesque, «La question régionale dans le développement du capitalisme au Canada», Communication présentée à la Société des sciences régionales dans le cadre du congrès annuel des Sociétés savantes, Montréal, le 6 juin 1980.

8   Je reprends cet aspect de la formulation du régionalisme d'un article déjà paru: Lizette Jalbert, «Régionalisme et crise de l'État», *Sociologie et société,* vol. XII, no. 2, octore 1980, p. 65.

9   Le terme différenciation renvoie aux propos d'Alain Lipietz au sujet de la nécessité devant laquelle se trouve le capital d'établir des valeurs différentielles de forces de travail selon les régions pour mieux assurer le système d'exploitation: Alain Lipietz, *Le capital et son espace,* Maspero, Paris, 1977.

10 Yves Mény, «Crises, régions et modernisation de l'État», *Pouvoirs,* no 19, 1981.

11 Lizette Jalbert, *Régionalisme et luttes politiques: une analyse des tiers partis au Canada et au Québec,* thèse de doctorat de troisième cycle présentée à l'Université de Paris VIII, 1978.

12 Lizette Jalbert, «Régionalisme et crise de l'État», op. cit., p. 68.

13 Howard H. Scarrow, *Canada Votes: A Handbook of Federal Provincial Election Data,* New Orléans, The Houses Press, 1962, p. 221.

14 C.B. Macpherson, *Democracy in Alberta: Social Credit and the Party System,* University of Toronto Press, Toronto, 1953, p. 126-138.

15 Voir l'ouvrage cité de C.B. Macpherson.

16 Donald V. Smiley, «Canada's Poujadists: A New Look at Social Credit», *Canadian Forum,* vol. 42, septembre 1962, p. 121-122.

17 J. R. Mallory, *Social Credit and the Federal Power in Canada,* University of Toronto Press, Toronto, 1954.

18 Walter D. Young, *Democracy and Discontent,* The Ryerson Press, Toronto, 1969, p. 98.

19 Pierre Drouilly, *Statistiques électorales au Québec 1867-1980,* thèse de doctorat de 3ᶜ cycle à l'EPHES, en cours.

20 Voir à ce sujet Suzanne de Brunhoff, «Crise capitaliste et politique économique», in Nicos Poulantzas, dir., *La crise de l'État,* PUF, Paris, 1976, p. 33-151.

21 Samir Amin et Kostas Vergopoulos, *La question paysanne et le capitalisme,* Éditions Anthropos — IDEP, Paris, 1974.

22 Alan Lipietz, op. cit., p. 143.

L'État canadien et les blocs sociaux

1 Nous entendons par savoir «cet ensemble d'éléments formés de manière régulière dans une pratique discursive et qui sont indispensables à la constitution d'une science, bien qu'ils ne soient pas nécessairement destinés à lui donner lieu». Michel Foucault, *L'archéologie du savoir,* Paris, Gallimard, 1969, p. 238.

2 Les problématiques féministes, bien qu'elles n'y échappent pas totalement, semblent les premières à ouvrir un nouvel espace de la connaissance se démarquant significativement de ce savoir du national.

3 Voir à ce propos Marcel Fournier et Gilles Houle, «La sociologie québécoise et son objet: problématiques et débats», in *Sociologie et société,* vol XII, no 2, octobre 1980.

4 L'importance de l'obsession nationale varie, bien sûr, selon les disciplines. Il n'est guère besoin de la démontrer dans les cas de l'histoire, de la sociologie ou de la science politique. Mais une analyse attentive démontrerait sans doute aisément comment l'ensemble des autres disciplines sont emportées dans le courant: en économie, on pense aux travaux de Raynault, de Saint-Germain ou de Tremblay qui posent l'économie et l'entreprise québécoises comme objets d'analyse; en anthropologie, mentionnons l'attrait nouveau, à la fin des années soixante, pour les études québécoises, notamment l'agriculture, voire même les études amérindiennes qui, au moins dans leurs résultats et dans les luttes qu'elles génèrent, sont souvent mises en rapport avec le déploiement de la nation québécoise.

5 Karl Marx, «Thèse sur Feuerbach» in *L'idéologie allemande,* Paris, Éditions sociales, 1971.

6 Jurgen Habermas: *La technique et la science comme idéologie,* Paris, Denoël-Gonthier, 1978.

7 Nicos Poulantzas: *Pouvoir politique et classes sociales,* Paris, Maspero, 1970.

8 Plusieurs auteurs ont soutenu depuis quelques années que, même si la nation apparaissait durant la transition au capitalisme, il n'existerait pas de rapport de détermination significatif entre le développement des rapports socio-économiques propres au mode de production capitaliste et la question nationale. Comme nous l'avons indi-

qué plus haut, nous réservons pour d'autres lieux la critique systématique de ces thèses. Voir à ce propos: N. Laurin-Frenette, *Production
de l'État et forme de la nation*, Montréal, Nouvelle Optique, 1978; A.
Mascotto, P.Y. Soucy, *Démocratie et nation*, Ed. Albert St-Martin,
Montréal, 1980, M. Freitag, «Une théorie pour la nation», texte
ronéotypé, UQAM, 1981.

9   Voir à ce propos les travaux d'Althusser, de Godelier et de Poulant-
    zas.

10 En utilisant le concept de formation économico-sociale dans *Le
    développement du capitalisme en Russie* (Lénine, *Oeuvres complè-
    tes*, tome 3, Paris, Éditions sociales, 1969), Lénine était à la fois
    beaucoup plus modeste et beaucoup plus systématique puisqu'il ne
    lui donnait qu'une vocation strictement économique.

11 Jurgen Habermas, *op. cit.*

12 Voir Renaud Dulong, *Les Régions, l'État et la société locale*, P.U.F.
    Paris, 1978.

13 Voir entre autres les travaux de Gérard Boismenu, Lizette Jalbert,
    Anne Legaré, Roch Denis, Dorval Brunelle, Nicole Laurin-
    Frenette....

14 Voir Stanley Bréhaut-Ryerson: *Le capitalisme et la Confédération*,
    Parti Pris, Montréal, 1972, et Alfred Dubuc: «Les fondements histo-
    riques de la crise des sociétés canadienne et québécoise, *Politique
    aujourd'hui*, nos 7-8, 1978.

15 Nous préférons utiliser le concept de bloc social plutôt que celui de
    bloc historique, non seulement parce que le concept gramscien,
    comme on le constate déjà, s'applique mal à la réalité canadienne,
    mais aussi parce que toutes les formations sociales capitalistes peu-
    vent être considérées comme des ensembles inter-reliés et plus ou
    moins antagonistes de blocs sociaux. Le concept de bloc historique
    garde cependant son utilité, mais à un niveau plus général et donc
    plus abstrait, en ce qu'il permet de saisir le rapport existant entre la
    création et la reproduction d'une formation sociale nationale et la
    constitution des alliances de classes impliquant hégémonisation et
    domination.

16 Pour le concept de bloc au pouvoir, voir Nicos Poulantzas, *op. cit.*

17 *Discours sur le budget*, présenté par l'honorable Onésime Gagnon, le
    28 mars 1946, Publications du Gouvernement du Québec, Québec,
    p. 6.

18 *Ibidem.*

19 On pourra consulter à ce propos les travaux de Lizette Jalbert. Outre
    son article dans le présent recueil, mentionnons: *Régionalisme et
    lutte politique*, Université de Paris, VIII, Juin 1978.

20 Voir à ce propos Gilles Bourque: *Classes sociales et question natio-
    nale au Québec 1760-1840*, Montréal, Parti Pris, 1970, ainsi que G.
    Bourque, A. Legaré, *op. cit.*, et Stanley Bréhaut-Ryerson, *op. cit.*

21 *Discours sur le budget*, présenté par l'honorable Onésime Gagnon, le
    1er mars 1951, *op. cit.*, p. 4.

22 *Discours sur le budget,* présenté par l'honorable Onésine Gagnon, le 12 février 1954, *op. cit.,* p. 22-23.
23 *Discours sur le budget,* présenté par l'honorable Onésime Gagnon, le 28 mars 1946, *op. cit.,* p. 7.
24 «Les droits civils, écrivait Etienne-Pascal Taché, sont d'un ordre supérieur aux droits politiques et mieux voudrait mille fois pour un peuple renoncer à ses droits politiques que de laisser attenter au libre exercice de ses droits civils.» L'auteur ne nous dit cependant pas comment l'on peut sauvegarder les uns, sans défendre les autres! Cité dans: *Discours sur le budget,* présenté par l'honorable Onésime Gagnon, le 16 mars 1950, *op. cit.,* p. 41.
25 Voir la thèse de maîtrise de Nicole Morf: *Fédéralisme et État keynésien au Canada,* thèse de maîtrise déposée au Département de science politique, UQAM, avril 1982. Nous nous inspirons de son travail dans les lignes consacrées aux caractéristiques générales du passage à l'État keynésien.
26 Afin d'éviter toute confusion, soulignons que nous ne référons nullement ici à un plan conscient de transformations sociales. Si l'on peut parler d'un plan d'application des mesures keynésiennes, progressivement formé et énoncé, il en va tout autrement des conditions sociales de leur réalisation qui n'atteignent pas nécessairement la claire conscience des agents.
27 Voir à ce propos Gérard Boismenu, *Le duplessisme,* Montréal, PUM, 1981, ainsi que G. Bourque, A. Legaré, *op. cit.,* et Gilles Bourque, «Petite bourgeoisie envahissante et bourgeoisie ténébreuse», in G. Bourque, G. Dostaler, *op. cit.*

Nationalisme, État canadien et luttes de classes

1 Il s'agit d'une caractéristique dominante des analyses qui ne s'applique pas nécessairement à telle ou telle étude prise en particulier.
2 Ces citations de Cartier et Macdonald sont tirées de l'ouvrage de Stanley Ryerson, *Le capitalisme et la Confédération,* p. 451 et p. 423.
3 *Ibid.,* p. 415-416.

Table des matières

Achevé d'imprimer en janvier 1983
aux Ateliers Graphiques Marc Veilleux,
Cap-Saint-Ignace, pour le compte des
Éditions du Boréal Express